फ़ैज़ अहमद 'फ़ैज़'

जन्म : 13 फरवरी, 1911; गाँव–काला कादर, सियालकोट (पाकिस्तान)।

शिक्षा : आरम्भिक धार्मिक शिक्षा मौलवी मुहम्मद इब्राहिम मीर सियालकोटी से प्राप्त की। मैट्रिक स्कॉच मिशन स्कूल और स्नातकोत्तर मुरे कॉलेज, सियालकोट से। वामपंथी विचारधारा के जुझारू पैरोकार फ़ैज़ ने 1936 में *प्रगतिशील लेखक संघ* की एक शाखा पंजाब में आरम्भ की। 1935 में एम.ए.ओ. कॉलेज, अमृतसर और बाद में हेली कॉलेज ऑफ़ कॉमर्स, लाहौर में अध्यापन। 1938-1942 के दौरान उर्दू मासिक *अदबे-लतीफ़* का सम्पादन। कुछ समय तक फ़ैज़ ब्रिटिश इंडियन आर्मी में भी रहे, जहाँ 1944 में उन्हें लेफ़्टिनेंट कर्नल के पद पर पदोन्नत किया गया था। 1947 में सेना से इस्तीफ़ा देने के बाद *पाकिस्तान टाइम्स* के पहले प्रधान सम्पादक बने। 1959 से 1962 तक *पाकिस्तान आर्ट्स काउंसिल* के सचिव रहे।

1964 में लंदन से वापस आने के बाद फ़ैज़ कराची में अब्दुल्लाह हारून कॉलेज के प्रिंसिपल नियुक्त हुए।

1951 में फ़ैज़ को रावलपिंडी षड्यंत्र केस में चार साल की जेल की सज़ा भी हुई, जहाँ उन्होंने जीवन की कड़वी सच्चाइयों से सीधा साक्षात्कार किया।

प्रमुख रचनाएँ : *नक़्श-ए-फ़रियादी* (1941), *दस्ते-सबा* (1953), *ज़िन्दाँनामा* (1956), *मीज़ान* (1956), *दस्ते-तहे-संग* (1965), *सरे-वादी-ए-सीना* (1971), *शामे-शह्रे-याराँ* (1979), *मिरे दिल मिरे मुसाफ़िर* (1981), *सारे सुख़न हमारे* (फ़ैज़ समग्र) लंदन से और *नुस्ख़हा-ए-वफ़ा* (फ़ैज़ समग्र) पाकिस्तान से, *पाकिस्तानी कल्चर* (उर्दू और अंग्रेज़ी में) (1984)। राजकमल से *प्रतिनिधि कविताएँ* प्रकाशित।

फ़ैज़ की रचनाओं का अंग्रेज़ी, रूसी, बलोची, हिन्दी सहित दुनिया की अनेक भाषाओं में अनुवाद हो चुका है।

पुरस्कार : *लेनिन पीस प्राइज़, द पीस प्राइज़* (पाकिस्तानी मानवाधिकार सोसायटी), *निगार अवार्ड, द एविसेना अवार्ड, निशाने-इम्तियाज़* (मरणोपरान्त)। 1984 में मृत्यु से पहले *नोबेल प्राइज़* के लिए नामांकन हुआ था।

निधन : 20 नवम्बर, 1984, लाहौर।

ज़िन्दाँनामा

फ़ैज़ अहमद फ़ैज़

लिप्यंतरण

अब्दुल बिस्मिल्लाह

सम्पादन

अब्दुल बिस्मिल्लाह

धर्मेन्द्र सुशांत

राजकमल पेपरबैक्स

राजकमल पेपरबैक्स में
पहला संस्करण : 2020
चौथा संस्करण : 2026

राजकमल पेपरबैक्स : उत्कृष्ट साहित्य के जनसुलभ संस्करण

राजकमल प्रकाशन प्रा. लि.
1-बी, नेताजी सुभाष मार्ग, दरियागंज
नई दिल्ली-110 002
द्वारा प्रकाशित

शाखाएँ : अशोक राजपथ, साइंस कॉलेज के सामने, पटना-800 006
पहली मंजिल, दरबारी बिल्डिंग, महात्मा गांधी मार्ग, प्रयागराज-211 001
1, अनमोल सोराबजी सन्तुक लेन, धोबी तलाव, मरीन लाइंस, मुम्बई-400 002
वेबसाइट : www.rajkamalprakashan.com
ई-मेल : info@rajkamalprakashan.com

यश प्रिंटोग्राफिक्स
नोएडा-201 301 (उत्तर प्रदेश)
द्वारा मुद्रित

मूल्य : ₹199

ZINDAN NAMA
Compute Poems of Faiz Ahmad Faiz
Transliteration by Abdul Bismillah

ISBN : 978-93-89598-44-5

उनवानात*

सरे-आग़ाज़ *7*
रूदादे-क़फ़स *11*

शैख़ साहब से रस्मो-राह न की **(ग़ज़ल)** 53
सब क़त्ल होके तेरे मुक़ाबिल से आए हैं **(ग़ज़ल)** 54
ऐ हबीबे-अम्बरदस्त! **(नज़्म)** 56
सितम की रस्में बहुत थीं लेकिन **(ग़ज़ल)** 58
शामे-फ़िराक़ अब न पूछ **(ग़ज़ल)** 60
रहे-ख़िज़ाँ में तलाशे-बहार करते रहे **(ग़ज़ल)** 62
मुलाक़ात **(नज़्म)** 64
न: आज लुत्फ़ कर इतना के: गुज़र न सके **(क़तअ:)** 68
बात बस से निकल चली है **(ग़ज़ल)** 69
वासोख़्त **(नज़्म)** 71
शाख़ पर ख़ूने-गुल रवाँ है वही **(ग़ज़ल)** 73
कब याद में तेरा साथ नहीं **(ग़ज़ल)** 75
हम पर तुम्हारी चाह का इल्ज़ाम ही तो है **(ग़ज़ल)** 76

---

* शीर्षक।

ऐ रौशनियों के शहर (नज़्म) 78
गुलों में रंग भरे बादे-नौबहार चले (ग़ज़ल) 80
हम जो तारीक राहों में मारे गए (नज़्म) 82
फ़िक्रे-सूद-ओ-ज़ियाँ तो छूटेगी (क़तअ:) 84
कुछ मुहतसिबों की ख़ल्वत में (ग़ज़ल) 85
दरीचा (नज़्म) 87
दर्द आएगा दबे पाँव... (नज़्म) 88
सुब्ह फूटी तो आसमाँ पे तिरे (क़तअ:) 90
Africa Come Back (नज़्म) 91
गर्मि-ए-शौक़े-नज़ारा का असर तो देखो (ग़ज़ल) 93
यह फ़स्ल उमीदों की हमदम (नज़्म) 95
बुनियाद कुछ तो हो (नज़्म) 97
कोई आ'शिक़ किसी महबूब: से (नज़्म) 99
अगस्त 1955 (नज़्म) 101
यूँ बहार आई है इस बार कि जैसे क़ासिद (ग़ज़ल) 103
तमाम शब दिले-वहशी तलाश करता है (क़तअ:) 105
तुम्हारे हुस्न से रहती है हमकिनार नज़र (क़तअ:) 106
खिले जो एक दरीचे में आज हुस्न के फूल (क़तअ:) 107
सुब्ह की आज जो रंगत है वो पहले तो न थी (ग़ज़ल) 108
तिरी उमीद, तिरा इन्तिज़ार जब से है (ग़ज़ल) 109
रात ढलने लगी है सीनों में (क़तअ:) 111
बिसाते-रक़्स पे सद शर्क़ो-ग़रब से सरे-शाम (ग़ज़ल) 112

सरे-आग़ाज़*

—सैय्यद सज्जाद ज़हीर

मुक़दमा 'साज़िश' रावलपिंडी के दिनों में फ़ैज़ के साथ मैं भी सेंट्रल जेल (हैदराबाद, सिन्ध) में था। दिसम्बर, 1952 ई. तक हमारे मुक़दमे की समाअत[1] ख़त्म हो चुकी थी। हमें रोज़-रोज़ स्पेशल ट्रिब्युनल के इज्लास में जाकर मुल्ज़िमों के कटहरे में घंटों बैठे रहने और उस दौरान गवाहों की शहादतों, वकीलों की जिरह और बहस और मुअज़्ज़िज़ जजों की फ़ाज़िलाना क़ानूनी मूशिगाफ़ियों[2] से नजात मिल गई थी। अभी फ़ैसला नहीं सुनाया गया था। और हम उम्मीदो-बीम[3] के आलम में थे। 'छुट्टी' वाफ़िर[4] थी। उन्हीं दिनों एक दिन यह इत्तिला मिली कि 'दस्ते-सबा' शाया हो गई। गो हम उसकी तमाम चीज़ें फ़ैज़ के मुँह से सुन चुके थे। और उन्हें बार-बार पढ़ चुके थे, लेकिन इस ख़बर से हम में से तमाम क़ैदियों को जो अदब से मस[5] रखते थे एक ग़ैर मामूली मसर्रत हुई। जेल के हुक्काम से इजाज़त लेकर हमने एक पार्टी भी कर डाली जिसमें हम तमाम क़ैदियों ने मिलकर फ़ैज़ को 'दस्ते-सबा' की इशाअत पर मुबारकबाद दी। इस मौक़े पर मिन्जुम्ला और बातों के मैंने यह कहा था कि बहुत अर्सा गुज़र जाने के बाद जब लोग रावलपिंडी साज़िश के मुक़दमे को भूल जाएँगे और पाकिस्तान का मुअर्रिख़[6] 1952 ई. के अहम वाक़िआत पर नज़र डालेगा तो ग़ालिबन इस साल का सबसे अहम तारीख़ी वाक़िआ नज़्मों की इस छोटी-सी किताब की इशअत को ही क़रार दिया जाएगा।

---

* प्रस्तावना।

1. सुनवाई, 2. छिद्रान्वेषण, 3. आशा-निराशा, 4. अत्यधिक, 5. रुचि, 6. इतिहासकार।

बहुत दिनों से हम लोग जिनमें बा'ज़ नेक अन्देश और बा'ज़ बद्‌अन्देश हैं, उर्दू अदब और ख़ास तौर पर उसकी तरक़्क़ीपसन्द सिन्फ़[1] पर जमूद[2] तारी होने या उसके इन्हितात[3] की बातें कर रहे हैं। मैं इस नुक़्तए-नज़र को सही नहीं समझता। बल्कि मेरा ख़याल है कि उर्दू अदब का जदीद दौर इसके रौशन-तरीन अद्वार[4] में से है। यह दौर तक़रीबन 1930 ई. से शुरू होता है, अभी तक जारी है। और अगर हम गुज़श्ता चार-पाँच साल को ही ले लें तो मेरे ख़याल में फ़ैज़ की 'दस्ते-सबा' और 'ज़िन्दाँनामा', नदीम क़ासिमी की 'शोल:-ए-गुल', सरदार जाफ़री की 'पत्थर की दीवार', इह्तिशाम हुसैन की 'तन्क़ीद और अमली तन्क़ीद' और मजनूँ गोरखपुरी की 'नक़ूशो-अफ़कार' (मिन्जुम्ला दीगर किताबों के) इस दावे में काफ़ी हैं कि तख़्लीक़ का सुर्ख़-शोला—

"जिसमें गर्मी भी है, हर्कत भी, तवानाई[5] भी"

ना-मुसाइद[6] हालात में न धीमा होता है और न बुझता है बल्कि जह्लो-रजअत[7] की काली आँधियाँ उसे और भी भड़काती हैं और इस तरह मुजाहिदी[8] और तसादुम[9] के तूफ़ानों से गुज़र कर और इस पैकार से कूव्वतो-हरारत[10] हासिल करके हक़्क़ो-सदाक़त[11] का नूर पहले से भी ज़्यादा दरख़्शाँ[12] हो जाता है। और उसके हुस्न और तासीर में सद-रंग[13] नई ताबन्दगियाँ झिलमिलाने लगती हैं।

'ज़िन्दाँनामा' की बेशतर मंज़ूमात[14] फ़ैज़ ने मंटगुमरी सेंट्रल जेल और लाहौर सेंट्रल जेल में क़याम के दौरान लिखीं। यानी जुलाई 1953 ई. से मार्च 1955 ई. तक की लिखी हुई चीज़ें इसमें हैं। इस दर्मियान में हम एक-दूसरे से बिछड़ गए थे क्योंकि हम दोनों को चार-चार साल क़ैदे-बा-मशक़्क़त की सज़ा देने के बाद अह्ले-इक़्तिदार[15] ने यह फ़ैसला किया कि हम एक साथ जेल में न रखे जाएँ। फ़ैज़ को पंजाब में मंटगुमरी जेल को भेजा गया

1. लेखन, 2. निष्क्रिय, 3. पतन, 4. दौर (बहुवचन में), 5. लाल चिनगारियों से भरी ताक़त, 6. अनुकूल, 7. मूर्खता और प्रतिक्रियावादी, 8. पराक्रम, 9. मुठभेड़, 10. ताक़त और गर्मी, 11. सच्चाई, 12. चमकीला, 13. सैकड़ों रंग की, 14. नज़्में, 15. सत्ताधारी वर्ग।

और मुझे हैदराबाद, सिन्ध से बलूचिस्तान के सेंट्रल जेल मच्छ को। हम एक-दूसरे से ख़तो-किताबत भी न कर सकते थे। ताहम दूसरे दोस्तों के ख़तों और बा'ज़ उर्दू रिसालों के ज़रिए मुझे फ़ैज़ की चन्द ग़ज़लें और नज़्में जो उस ज़माने में लिखी गई थीं, पढ़ने का मौक़ा मिल जाता था।

अब के हालाते-ज़िन्दगी मेरे लिए काफ़ी ख़ुशगवार हैं और मैं आज़ाद फ़ज़ा में साँस ले सकता हूँ, इसके बावजूद जब मैं उन ज़ेहनी, जज़्बाती और रूहानी कैफ़ियात का ख़याल करता हूँ, जो मुझ पर उस वक़्त तारी होती थीं जब अपने उस महबूब तरीन दोस्त और हमदम का कलाम पढ़ता था तो उसका इज़हार मुश्किल मालूम होता है। शायद बेलाग तन्क़ीद के लिए यह अच्छा भी नहीं है। यह भी सही है कि चूँकि हमारे बहुत से तजुर्बे, ज़िन्दगी और अपने वतन को समर-बार[1] और हसीन बनाने के मुतअल्लिक़ हमारे ख़्वाब, हमारा दर्द, हमारी नफ़रतें और ग़ीबतें[2] मुश्तरक थीं, इसलिए फ़ैज़ के उन अश्आर से मैं ग़ैर मामूली तौर पर मुतास्सिर होता था। अगर मेरा दिल कभी ख़ून के आँसू रोता था कि क़ैदो-बन्द के मसाइब[3] और सऊबतें[4] इसका हिस्सा क्यों हैं जो अपनी हुस्नकारी से सबकी ज़िन्दगी को इतनी फ़य्याज़ी[5] से मुरस्सा कर देता है और अपनी नग़मगी[6] से हम सबकी रगों में सुरूर की नहरें बहा देता है। तो कभी मेरा ज़ेहन उसकी तख़य्युल[7] की उन शादाँ और फ़र्हाँ[8] गुलकारियों से क़सबे-शऊर[9] करता जहाँ जदीद जद्लियाती[10] इल्म की ज़िया पाशाइयाँ[11], इनसानियत के शरीफ़ तरीन जज़्बात से इस तरह मिल गई हैं जैसे शुआए-मेह्र से तमाज़त[12]।

फ़ैज़ की उन नज़्मों को मजमूई हैसियत से देखें तो हमें मालूम होता है कि जहाँ तक उन इक़्दार[13] का ताल्लुक है, जिनको शाइर ने उनमें पेश किया है, वो तो वही हैं जो उस ज़माने में तमाम तरक़्क़ीपसन्द इनसानियत की इक़्दार हैं, लेकिन फ़ैज़ ने उनको इतनी ख़ूबी से अपनाया है कि वो न तो

---

1. फलदार, 2. चुग़लियाँ, 3. मुसीबतें, 4. दुश्वारियाँ, 5. दानशीलता, 6. काव्यात्मकता, 7. कल्पनाओं, 8. प्रसन्नचित्त और हर्ष, 9. चेतना की उत्पत्ति, 10. विचार-विमर्श, 11. प्रकाश का फैलाव, 12. सूर्य की किरणों से गर्मी, 13. मूल्यों, उसूलों।

हमारी तहज़ीबो-तमद्दुन[1] की बेहतरीन रवायत से अलग नज़र आती हैं और न शाइर की इन्फ़रादियत उसका नर्म, शीरीं और मुतरन्नुम[2] अन्दाज़े-कलाम कहीं भी उनसे जुदा होता है। इसके मुतहर्रिक[3] और रवाँ इस्तिआरों[4] में हमारे वतन के हूरों की ख़ुशबू है, उसके ख़यालात में उन सच्चाइयों और उन जम्हूरी मक़ासिद की चमक है जिनसे हमारी क़ौम की अज़ीम अक्सरीयत के दिल रौशन हैं। अगर तहज़ीबी इर्तिक़ा[5] का मतलब यह है कि इनसान माद्दी[6] और रूहानी उस्रत[7] से नजात हासिल करके अपने दिलों में गुदाज़ अपनी बसीरत[8] में हक़्क़-शनासी[9] और अपने किरदार में इस्तिक़ामत[10] व रफ़अत[11] पैदा करें और हमारी ज़िन्दगी मजमूई और इन्फ़रादी[12] हैसियत से बैरूनी[13] और अन्दरूनी तौर पर मुसफ़्फ़ा[14] भी हो और मुअत्तर भी, तो फ़ैज़ का शे'र ग़ालिबन उन तमाम तहज़ीबी मक़ासिद को छू लेने की कोशिश करता है। मेरा ख़याल है कि पाकिस्तान और हिन्दोस्तान में उसकी ग़ैर मामूली मक़बूलियत का सबब यही है। अलबत्ता फ़ैज़ के तमाम चाहने वाले 'नक़्श-ए-फ़रियादी', 'दस्ते-सबा' और 'ज़िन्दाँनामा' के शैदा होने के बावजूद उनसे यह तवक़्क़ो और उम्मीद रखते हैं कि कमीयत और कैफ़ियत दोनों लिहाज़ से उनकी वो तख़्लीकें जो अभी नहीं हुईं के मुक़ाबिले में, जो कि वो कर चुके हैं, ज़्यादा गराँ-क़द्र[15] होंगी।

—सज्जाद ज़हीर

लखनऊ
13 जनवरी, 1956 ई.

---

1. सभ्यता और संस्कृति, 2. लयात्मकता, 3. हरकतों, 4. मानवीकरण, 5. विकास, 6. भौतिक, 7. तंगहाली, 8. बुद्धिमत्ता, 9. आस्तिकता, गुण ग्राहकता, 10. सच्चाई की पहचान, 11. दृढ़ता, उच्चता, 12. सामूहिक और व्यक्तिगत, 13. बाहरी, 14. उज्ज्वल, 15. मूल्यवान।

रूदादे-क़फ़स*

—साबिक़ मेजर मुहम्मद इस्हाक़

कीमियागर ब-गुस्स: मुर्द: ब:रंज
*अब्ल: अन्दर ख़राब: याफ़्त-गंज***

फ़ैज़ साहब की किसी तस्नीफ़ का दीबाचा[1] लिखने की सआदत[2] एक ख़ज़ाना पाने से कम क्या हो सकती है; लेकिन उसकी दिक़्क़तों का एहसास मुझे उस वक़्त हुआ जब लिखने बैठा। कहते हैं पुराने ज़माने के राजे-महाराजे जब किसी बरगश्ता-बख़्त[3] सफ़ेदपोश की परीशाँहालियों में इज़ाफ़ा करना चाहते थे तो उसे एक अदद हाथी बख़्श दिया करते थे... मामला बईन:[4] ऐसा तो नहीं है, लेकिन एक सीधे-सादे फ़ौजी आदमी के लिए फ़ैज़ के कलाम के बारे में कुछ लिखना काफ़ी परेशानी का बाअस हो सकता है और फिर एक किसान और ख़ासकर नौ-आबादियाती[5] मुल्क के किसान के बेटे की तर्बियत ही क्या होती है! देहाती स्कूलों की तालीम और वो भी तो हम-परस्ती[6] और जहालत के घिनावने सायों तले, ऐसे माहौल में जिसमें ग़ुर्बत व नादारी[7] के तुफ़ैल पढ़ने-लिखने की बनिस्बत

---

* कारागार का वृत्तांत।

** हुनरमन्द (शाब्दिक अर्थ है : ताँबे आदि से सोना बनानेवाला) आदमी ग़ुस्से से और रंज से मुर्दा हो जाता है।
नादान आदमी मिले हुए ख़ज़ाने को अन्दर ही अन्दर बरबाद कर देता है।

1. भूमिका, 2. प्रताप, गुण, 3. अभागे, 4. यहाँ, 5. औपनिवेशिक, 6. स्वयम्भू पूजक, 7. दरिद्रता

हल की लकीर सीधी रखना, ढोर-डंगर की निगहबानी करना और बैलों के चारा लाना ज़्यादा क़द्र की निगाह से देखा जाता है, जहाँ हर नई शै' और हर नए ख़याल का हिक़ारत-आमेज[1] तमस्ख़ुर[2] उड़ाया जाता है, जहाँ दुनिया का बलन्दतरीन ख़याल और पाकीज़ातरीन जज़्बा दो बीघा ज़मीन के पैमाने से नापा जाता है। मेरा तालीमी पसमंज़र ऐसा ही था। फ़नूने-लतीफ़ा[3] मेरे असातज़ा के बस की बात नहीं थे, मेरा उनसे मस[4] क्या होता। किताबें ज़िन्दगी का हिस्सा नहीं थीं, सिर्फ़ इम्तिहान पास करने का ज़रिया थीं। लाइब्रेरियाँ, उलमा की महफ़िलें, इल्मी मुबाहिसे, मुशाइरे, ड्रामे, मौसीक़ी, रक़्स, आर्ट गैलरियाँ, म्यूज़ियम सब मफ़्क़ूद[5] और चारों तरफ़ साम्राजियों और उनके मुल्की एजेंडों के इक़्तिसादी[6] बोझ तले कराहती हुई मख़्लूक़!

ऐसी रूखी-फीकी तालीम के बाद आठ-दस साल की फ़ौज की 'साहब बहादुरी' ने रही-सही क़सर निकाल दी। वहाँ का तो बाबा-आदम ही निराला था और 'काला लोग' की दूसरी ज़बानों को अपने देस ही में देस-निकाला मिला हुआ था या उनकी हैसियत अंग्रेज़ी ज़बान की लौंडियों-बाँदियों की-सी थीं। जेल के चार साल इस लिहाज़ से मुफ़ीद रहे कि यक्सूई[7] से मुताला का मौक़ा मिल गया। सोने पे सुहागा यह हुआ कि दो-एक प्रोफ़ेसर भी साथ ही क़ाबू आ गए थे।

'ज़िन्दाँनामा' का दीबाचा लिखने के बहाने मैं अपनी सवानेह-उम्री[8] का इरादा नहीं रखता। मैं समझता हूँ कि किसी मुशाहिद[9] की सही जाँच उसी वक़्त हो सकती है जब शाहिद के मक़ाम और उसकी सलाहियतों का पूरा-पूरा तअय्युन[10] कर लिया जाए। इसमें कोई शक नहीं है कि मैं कुछ महीने कम चार साल दिन-रात फ़ैज़ के साथ रहा हूँ। यह तवील अर्सा हमने जेल के एक ही अहाते में मुल्हिक़ा[11] कोठरियों में गुज़ारा है।

---

1. घृणात्मक, 2. मज़ाक, 3. ललित कलाएँ, 4. रुचि, 5. ग़ायब, 6. आर्थिक, 7. तन्हाई, एकान्त, 8. आत्मकथा, 9. गवाह, 10. निश्चित, 11. एक-दूसरी से जुड़ी हुई।

सैकड़ों मर्तबा सुबह-सवेरे सबसे पहले एक-दूसरे के मुँह लगे हैं, अपनी ख़ुशियाँ और ग़म बाहम् बाँटने पर मजबूर रहे। जेल के बाहर आदमी सैकड़ों लोगों को (से) रोज़ाना मिलता है। मिलता न भी हो तो देख ज़रूर लेता है। कई क़िस्म की आवाज़ें सुनता है, बीसियों मनाज़िर से वास्ता पड़ता है। किसी से नफ़रत है तो कन्नी कतरा के निकल सकता है, किसी से मुहब्बत है तो मुलाक़ात की राहें ढूँढ़ लेता है या उनकी तलाश में जी बहला लेता है। जेल में आदमी की मर्ज़ी उससे छीन ली जाती है। और उसकी नक़्लो-हर्कत महदूद कर दी जाती है। वहाँ की कायनात दो-चार क़ैदी, दो-चार पहरेदार, कुछ कोठरियाँ और कुछ दीवारें, एकाध दरख़्त, एक-दो गिलहरियाँ, निस्फ़-दर्जन[1] के क़रीब छिपकलियाँ और कुछ कौवे और दूसरे परिन्दे होते हैं, जिनमें महीनों बल्कि सालों तक तब्दीली नहीं आती। मुझे उस छोटी-सी दुनिया में फ़ैज़ साहब के साथ मुसल्सल चार साल तक रहने का मौक़ा मिला है। लेकिन उस तवील-क़ुर्ब[2] के बावजूद ज़रूरी नहीं है कि मैं अपने मौज़ू से पूरा इनसाफ़ कर सकूँ। एक अन्धा कायनात की रंगा-रंगी में उम्र गुज़ारकर भी रंगों का अन्दाज़ा नहीं कर सकता। कई लोग अच्छी-भली नज़र रखते हुए भी बाज़ रंगों को नहीं पहचान सकते। रेडियो प्रोग्राम सुनने के लिए ताक़तवर रेडियो स्टेशन ही नहीं रिसीविंग सीट की नक़ाइस[3] से पाक होना चाहिए।

यहाँ पर ज़िन्दाँनामा की नज़्मों और ग़ज़लों पर तन्क़ीद ब तब्सरा अगर्चे मेरा मकसद नहीं, फिर भी शाइर के बयान में उनका ज़िक्र नागुज़ीर[4] है। फ़ैज़ की लताफ़त का बयान मेरे बस की बात नहीं है। असर लखनवी की ज़बान में, "फ़ैज़ अहमद फ़ैज़ की शाइरी तरक़्क़ी के मदारिज[5] तय करके अब उस नुक़्तए-उरुज[6] पर है जिस तक शायद ही किसी दूसरे तरक़्क़ीपसन्द शाइर की रसाई हुई हो। तख़य्युल ने सनाअत[7] के जौहर दिखाए हैं और मासूम जज़्बात को हसीन पैकर बख़्शा है। ऐसा मालूम होता है कि

1. आधा दर्जन, 2. लम्बे समय तक साथ रहने, 3. त्रुटियों, 4. अपरिहार्य, 5. रुतबे, 6. उन्नति के बिन्दु, 7. कारीगरी।

परियों का एक ग़ोल, एक तिलस्मी फ़ज़ा में इस तरह मस्ते-पर्वाज़[1] है कि एक पर एक की छूट पड़ रही है और क़ौसे-क़ुज़[2] के अक्कास[3] बादलों से सतरंगी बारिश हो रही है...।" हर कोई बक़द्रे-जर्फ़[4] इस तलाफ़त से बरह: अन्दोज[5] हो सकता है। मैं सिर्फ़ यह चाहता हूँ कि अपने फ़हम के मुताबिक़ चीद:-चीद:[6] नज़्मों का पसमंज़र बयान कर दो। इतना ख़याल रहे कि सही अदब अपने पसमंज़र की हदूद व क़यूद[7] को तोड़कर बहुत आगे निकल जाता है। फ़ैज़ की शाइरी को उसके पसमंज़र के साँचे में महदूद करके देखना ज़ुल्म है। इसलिए मेरी काविशों[8] को एक साइन बोर्ड से ज़्यादा हैसियत नहीं देनी चाहिए। आगे रास्ता सबका अपना-अपना है और अपनी-अपनी हिम्मत।

फ़ैज़ साहब 9 मार्च, 1951 ई. को क़ैद हुए और अप्रैल 1955 ई. में रिहा हुए। इस तरह उनकी असीरी[9] के दिन कुछ ऊपर चार साल बनते हैं। इस अर्से में वो पहले तीन महीने सरगोधा और लायलपुर के जेलों में क़ैदे-तन्हाई में रहे। इसके बाद जुलाई 1953 ई. तक हैदराबाद (सिन्ध) जेल में रावलपिंडी साज़िश केस के बाक़ी असीरों के साथ रहे। जुलाई 1953 ई. में हम सबको छोटी-छोटी टुकड़ियों में बाँटकर लाहौर, मंटगुमरी, मच्छ (बलूचिस्तान) और हैदराबाद के जेलों में भेज दिया गया। फ़ैज़ साहब के लिए मेरे और कैप्टन ख़िज़ हयात के हमराह मंटगुमरी सेंट्रल जेल का इन्तख़ाब किया गया। लेकिन वे चूँकि बग़र्ज़े इलाज कराची चले गए थे, इसलिए कहीं 1953 ई. में जाकर हमारे पास मंटगुमरी पहुँचे। यहाँ से हम इकट्ठे रिहा हुए।

मुझे फ़ैज़ साहब की गिरफ़्तारी के कोई तीन माह बाद मई 1951 ई. में गिरफ़्तार किया गया था। इसलिए ख़ल्क़े-ख़ुदा की सरगोशियाँ सुनता रहा। फ़ैज़ साहब के साथ उस दौरान में उनके अज़ीज़ों-दोस्तों को मिलने की इजाज़त नहीं थी, न ही वो किसी से ख़तो-किताबत कर सकते थे।

---

1. उड़ने में मस्त, 2. इन्द्रधनुष, 3. चित्रकार, 4. सामर्थ्य भर, 5. भागीदार, 6. चुन-चुनकर (चयनित), 7. सीमाओं और बन्दिशों, 8. जिज्ञासा, 9. क़ैद।

उनके मुतअल्लिक़ तरह-तरह की अफ़वाहें फैली थीं और क़ैद में उनके साथ सलूक के बारे में अजीब-अजीब दिल-ख़राश क़िस्से मशहूर थे। जब पहली बार उनसे हैदराबाद जेल में मुलाक़ात हुई तो बारे-इत्मीनान हुआ। वही ख़न्द:पेशानी[1] वही चमकती हुई आँखें, वही गौतमी मुस्कुराहट जिसका नूर सब तरफ़ फैल रहा था। और फिर वह फातहे-आलम मुहब्बत, जिससे उनके जानने वाले मानूस[2] हैं।

जेल एक तरह का तिलस्मी आईना-खाना होता है जहाँ सूरतों के नहीं सीरतों के अक्स अजीबो-ग़रीब शकलें बनाकर ज़ाहिर होते हैं। किसी की तबा[3] झगड़े की तरफ़ माइल है तो वो हर किसी से लड़ाई मोल लेने की फ़िक्र में होगा। कोई बुज़दिल तबीयत का है तो वो गोबर के कीड़े की तरह हर वक़्त सर छुपाने की धुन में होगा। किसी के मिज़ाज में क़ुनूतियत[4] है तो वो हर अच्छी-बुरी चीज़ से अपनी दिल-शिकनी के असबाब[5] ढूँढ़ लाएगा। किसी को कोई ख़ब्त है तो वो दीवानगी की हद तक तरक़्क़ी कर जाएगा। तबीयतों में कमीनगी और तंगनज़री ख़ासतौर पर फलती-फूलती है और छोटी-छोटी बातों पर साथियों और जेल वालों से झगड़े हो जाते हैं। इसकी एक वजह तो यह है कि इनसान की सारी कायनात जेल की चारदीवारी में महदूद कर दी जाती है। और उसके फ़िक्रो-नज़र में तंगी आ जाती है। दूसरी वजह यह है कि इनसानों पर हैवानी बन्दिशें आयद कर दी जाती हैं। कोठरी में बन्द करना, एक अहाते में महसूर[6] कर देना, बेड़ियों का इस्तेमाल, अज़ीज़ों और दोस्तों से मुलाक़ात पर पाबन्दियाँ, बेबसी का आलम—यह सब चीज़ें असीरों के दिल पर नोके-सोज़न[7] का काम करती है। जेल के बाज़ अफ़सर भी क़ैदियों की दिल-शिकनी के मवाक़े ढूँढ़ते हैं और क़ैदी की इज़्ज़त, नफ़्स[8] और वक़ार को ठेस पहुँचाने में ख़ासे माहिर होते हैं। अगर्चे यह बात सबके बारे में सही नहीं।

---

1. सुशील, स्मित मुख, 2. परिचित, 3. तबीयत, चित्त, 4. निराशावाद, 5. कारण (बहुवचन में), 6. घेराबन्दी, 7. सुई की नोक, 8. अस्तित्व।

इन हालात में एक आदमी क़ैद होकर अपनी रोज़मर्रा की शख़्सियत क़ायम न रख सके तो कोई हैरत की बात नहीं। कमाल उन लोगों का है जो जेल जाकर वज़ादारी कायम रख सकते हैं। जिन लोगों को मैं जेल जाने से पहले जानता था उनमें फ़ैज़ साहब ही ऐसे थे जो बज़ाहिर टस से मस न हुए। लेकिन आम लोगों की तरह तबीयतों का बोझ कम करने के लिए लड़ाई-झगड़े, दंगा-फसाद और इसी क़िस्म के दूसरे सेफ़्टी वाल्व इस्तेमाल न करने से फ़ैज़ साहब पर जो ज़ेहनी और जिस्मानी फ़िशार[1] पड़ा वह उनके दोस्तों से मख़फ़ी[2] नहीं। शाइरी ग़नीमत थी, जिसके ज़रिए दिल का ग़ुबार निकाल लिया करते थे, लेकिन शाइरी बज़ाते ख़ुद दिलो-जिगर के ईंधन पर जिला[3] पाती है—

जो हम पे गुज़री सो गुज़री मगर शबे-हिज्राँ
हमारे अश्क तिरी आक़बत सँवार चले

हैदराबाद में दौराने-मुक़दमा के दिन भी अजीब दिन थे। तीन महीने से टोड़ी क़िस्म के लोग अख़बारों, इश्तहारों, जलसों, जुलूसों में हमें गोली का निशाना बनाने का मुतालबा कर रहे थे। बाज़ अख़बारों ने ग़द्दार नम्बर[4] निकाल दिए थे। कुछ इस क़िस्म का माहौल पैदा कर दिया गया कि मुल्क में हर मर्दे-आज़ाद यह समझने लगा था कि उसको भी साज़िश में धर लिया जाएगा। चारों तरफ़ एक दहशत और सरासीमगी[5] की फ़ज़ा थी और हमारे रिश्तेदार और दोस्त हमारी जानों से हाथ धो बैठे थे, लेकिन जेल के अन्दर हमारी अपनी यह हालत थी कि गोया किसी पिकनिक पर आए हुए हैं। सब तरफ़ हँसी-मज़ाक था, क़हक़हे थे, उम्मीद थी, हौसला था। कव्वालियाँ होती थीं, स्वाँग भरे जाते थे! इसकी एक वजह तो यह हो सकती है कि हमें अपनी बर्रियत[6] पर भरोसा था और दूसरी शायद यह हो सकती है कि बहुत बड़े ख़तरे के सामने आदमी अमूमन दो ही रास्ते अख़्तियार करता है—या तो उलटे पाँव भाग उठता है या

1. दबाव, 2. छिपा हुआ, 3. आभा, चमक, 4. विशेषांक, 5. व्याकुलता, 6. बरी होने।

मुक़ाबले की ठान लेता है। मुवख़्रिरुल-ज़िक्र[1] की भी आगे दो सूरतें होती हैं। चुनाँचे हम में बाज़ ऐसे भी होंगे जो मसाइब की हौलनाकियों के रू-ब-रू लरज़-लरज़ कर हँस रहे थे। और कुछ ऐसे भी थे कि—

इशरते-क़त्ल-गहे अह्ले-तमन्ना मत पूछ।
ईदे-नज़्ज़ार: है शमशीर का उरियाँ[2] होना

यह सूरते-हाल हैदराबाद से मख़सूस नहीं थी, लाहौर के चन्द रोज़ के क़याम में भी हमारी यही हालत रही थी। चुनाँचे लाहौर की बर्डउड बैरेक्स (Birdwood Barracks) में पुलिस की तहबील[3] में दिए जाने के कोई पाँच मिनट बाद मई 1951 ई. में गिरफ़्तार होनेवाले सातों फ़ौजी अफ़सर ज़फ़रउल्लाह पोशनी की क़यादत[4] में फ़ुज़ूल क़िस्म के फ़ौजी कोरस (Choras) अलाप रहे थे। (इस क़िस्म के बेज़रर[5] लग़्वियात[6] की छोटे फ़ौजी अफ़सरों को ख़ास मौक़ों पर इजाज़त होती है।) लाहौर जेल का एक वाक़िया याद करता हूँ तो अब भी हँसी आ जाती है। वहाँ हमें 'बम केस वार्ड' (Bomb Case Ward) में रखा गया। (यह वार्ड भगत सिंह और उनके साथियों के लिए ख़ास तौर पर तामीर किया गया था।) उसके सहन में एक बारह-दरी सी है, जिसके दरवाज़ों में लोहे की मज़बूत जाली लगी हुई है। रात को हम यहीं सोया करते थे। एक दिन सोने की तैयारी में थे कि एक बूढ़ा सन्तरी जाली से लगकर अन्दर झाँकने लगा। ख़िज्र हयात ने पूछा, "बाबा तुम्हें हम क़ैद में दिखाई देते हैं?" उसने कहा, "जी हाँ जनाब।" ख़िज्र हयात बोला, "लेकिन बाबा हमें तो तुम क़ैद में नज़र आते हो।"

इस पर बूढ़ा सन्तरी पहले तो बौखला-सा गया, फिर इस ज़ोर से हँसने लगा कि हम भी हँसते-हँसते लोट-पोट हो गए। एक नशा था जिसमें सब मगन थे—

जो तुझ से अह्दे-वफ़ा-उस्तुवार[7] रखते हैं
इलाजे-गर्दिशे लैलो-बहार[8] रखते हैं।

---

1. उल्लिखित इतिहासकार, 2. नंगा, 3. सुपुर्दगी, 4. नेतृत्व, 5. जिससे कोई हानि न हो, 6. अनर्गल, 7. स्थायी, 8. दिन-रात।

लाहौर ही का एक और लतीफ़ा याद आ गया। एक दिन हमें रिमांड के लिए अदालत में ले जाया गया था। इत्तिला मिली कि सैय्यद सज्जाद ज़हीर भी साथ जाएँगे। जेल के बड़े दरवाज़े के अन्दर पुलिस की क़ैदी ढोनेवाली गाड़ी खड़ी थी। हम वहाँ रुक गए और सैय्यद साहब का इन्तिज़ार करने लगे। इतने में फाँसी की कोठरियों की तरफ़ से सफ़ेद शलवार-कुर्ते में मलबूस[1], सर पर जिन्ना कैप जमाए, एक भारी-भरकम, ज़िन्दगी से मुतमइन शख़्स आता दिखाई दिया। हमारे दर्मियान चे-म-गोइयाँ होने लगीं कि क्या यह सज्जाद ज़हीर हो सकता है! हम में से उनके साथ किसी की भी जान-पहचान नहीं थी। कुछ लोगों का ख़याल था कि कम्युनिस्ट निहायत क़बीहसूरत[2], दरिन्दा सीरत इनसान होते हैं। दाहिने-बायें पिस्तौल लगाते हैं। पेट पर पेश-क़ब्ज़[3] बाँधते हैं। बड़ी-बड़ी मूँछें और खूँख़्वार आँखें रखते हैं। और उनका मौज़ू-ए-सुख़न[4] क़त्लो-ग़ारत के सिवा कुछ नहीं होता। सज्जाद ज़हीर चूँकि पाकिस्तानी कम्युनिस्ट पार्टी के जनरल सेक्रेटरी थे, इसलिए उन लोगों के ख़याल में उनके मुँह से हर साँस में आग निकलनी चाहिए थी और उनको 'इस क़िस्म का काइयाँ इनसान होना चाहिए था कि डुबकी लगाए तो जेल से बाहर चला जाए। यह शख़्स जो नर्म चाल, पाकीज़ा ख़द्दो-ख़ाल[5] और एक अदद आलिमाना[6] तोंद लिये हुए था, सज्जाद ज़हीर कैसे हो सकता था! हमारे ये साथी अपनी राय पर इस शिद्दत से मुसिर[7] थे गोया यह उनका जुज़्बे-ईमान[8] है। चुनाँचे चार-व-नाचार हम सबने तस्लीम कर लिया कि ये सज्जाद ज़हीर नहीं हो सकते, कश्मीरी बाज़ार के शैख़ होंगे या पुलिस के कोई ख़िज्र-सूरत[9] एजेंट। चुनाँचे अदालत के तमाम सफ़र में हम गुम-सुम बैठे उनकी तरफ़ कनखियों से देखते रहे। अदालत में जब वो खड़े होकर गरजे कि, "जनाबे-वाला पन्द्रह दिन हो गए हैं और मुझे अभी तक यह नहीं

1. लिबास पहनना, 2. कुरूप, 3. छोटी कटार, 4. विषयवस्तु, 5. शारीरिक बनावट, 6. विद्वानों जैसी, 7. ज़िद पर अड़े, 8. आस्था का अंग, 9. हज़रत ख़िज्र की भाँति दयालु (हज़रत ख़िज्र भूले-भटकों को सही रास्ता दिखाते थे)।

बताया गया कि मैं किस जुर्म में गिरफ़्तार किया गया हूँ! यह बिलकुल लग़्व[1] (Preposterous) बात है।" तो हमें यक़ीन हो गया कि वह सज्जाद ज़हीर हैं। रिमांड के लिए हमें जज साहब की कोठी में ले जाया गया था। वहाँ पुलिस गारदों और गाड़ियों की इतनी गहमा-गहमी थी कि कोठी की ऊपर की मंज़िल में बहुत से लोग तमाशा देखने के लिए जमा हो गए थे। ज़ियाउद्दीन ने इशारे से मुझे बुलाकर कहा, "भई ऐसे बैठे हो जैसे मवेशी चराने आए हो। सीधे होकर बैठो। कॉलर ठीक करो। ज़रा-ज़रा मुस्कराओ। देखते नहीं हो, पब्लिक देख रही है।" और ख़ुद तनकर ऐसे बैठ गया कि गोया तस्वीर उतरवाने आया हो। एयर कमोडोर जंजूह से मेरी पहली मुलाक़ात वहीं हुई। उन्होंने मुसाफ़ा करते हुए मेरे हाथ को इस फुर्ती से निचोड़ा कि अब तक याद है।

हैदराबाद में अदालत की इमारत जेल के अन्दर थी। अदालत का वक़्त आठ से बारह बजे तक होता था। हफ़्त:[2] और इतवार के दिन ख़ाली होते थे। शाम के वक़्त कभी-कभी हमारे वकलाअ[3] मश्वरे के लिए आ जाया करते थे बाक़ी वक़्त हमारा अपना होता था।

एक ही अहाते में सबके लिए जगह नहीं थी। इसलिए फ़ैज़ साहब, मुहम्मद हुसैन 'अना', जनरल अकबर ख़ान, ब्रिगेडियर सादिक़ खान, कर्नल ज़ियाउद्दीन, कर्नल नियाज मुहम्मद अर्बाब, मेजर हसन खान, कैप्टन ज़फ़रुल्लाह पोशनी, कैप्टन ख़िज्र हयात और मैं एक अहाते में रखे गए और सैय्यद सज्जाद ज़हीर, जनरल नज़ीर अहमद एयर कमोडोर जंजूह और ब्रिगेडियर लतीफ़ खान को एक दूसरा अहाता दिया गया। बेगम अकबर ख़ान के लिए अलाहिदा इन्तज़ाम था। खाने का बन्दोबस्त हमारी तरफ़ था। हमें ज़हूर अहमद और आदिल ख़ान दो क़ैदी निहायत अच्छा पकाने वाले मिले हुए थे और खाने का इन्तज़ाम एक बाक़ायदा ऑफ़िसर्स-मेस (Officer's Mess) की तर्ज़ पर था,

1. अनर्गल, 2. शनिवार, 3. वकील लोग।

जिसका सेक्रेटरी गाहे-गाहे चुना जाता था। शाम के वक्त वालीबॉल और बैडमिंटन भी हमारे अहाते में ही खेले जाते थे। चुनाँचे मुश्तर्क: सरगर्मियों का मर्कज़ यही अहाता था।

मुशाइरे, कव्वालियाँ, ड्रामे अमूमन वहीं होते थे। सैय्यद सज्जाद ज़हीर वाले अहाते में हम छुट्टी के दिन की सुबह को जाया करते थे जहाँ कॉफ़ी और बिस्किट से तवाज़ा होती थी और अदबी और सियासी गुफ़्तगूएँ होती थीं।

मिर्ज़ा सौदा के गुंच:[1] की तरह फ़ैज़ साहब की बयाज़-बर्दारी[2] का काम मेरे सुपुर्द था। जब वो मज्लिसे-मुशाइरा की तरफ़ या सज्जाद ज़हीर के यहाँ जाते तो मैं नोटबुक उठाए पीछे-पीछे होता। दूसरे रफ़ीक़[3] जब हमें इस तरह जुलूस में चलता देखते थे, चारों तरफ़ ख़ुशी की लहर दौड़ जाती इसलिए कि जेल में फ़ैज़ साहब के ताज़ा कलाम वुरूदे-मसऊद[4] से कम नहीं होता था और फिर जिस अदा से हम चलते थे वो भी ख़ुश-तबई[5] की एक अच्छी-ख़ासी मज़ाहिया सूरत होती थी। फ़ैज़ साहब ख़रामा-ख़रामा मुस्कुराते हुए, घबराए हुए, शरमाए-से चलते थे और मैं एक लट्ठबन्द जाट की तरह, गर्दन अकड़ाए, नाक आसमान की तरफ़ उठाए लोगों के सरों के ऊपर से देखता हुआ चलता था। और जब तक फ़ैज़ साहब के तशरीफ़ रखने पर निहायत मुअद्दब[6] लेकिन बावक़ार[7] अन्दाज़ में बयाज़[8] उनकी ख़िदमत में पेश नहीं कर लेता था, मियाँ गुंच: और मुझमें इतना फ़र्क़ ज़रूर था कि मिर्ज़ा सौदा जब किसी पर नाराज़ हुआ करते थे तो गुंच: को सिर्फ़ क़लमदान आगे बढ़ाना होता था। बाक़ी मिर्ज़ा ख़ुद भुगता लिया करते थे। यह सूरत थी कि फ़ैज़ साहब तो हमेशा से "बा दुश्मना मुरव्वत, बा दोस्ताँ मदार:" के क़ायल रहे हैं और रू-ब-रू किसी से नाराज़ होते ही नहीं और गुंच: सानी उन दिनों दोस्त-दुश्मन सबकी सरकोबी[9] को हर वक़्त मुस्तैद रहते थे।

---

1. मिर्जा सौदा के 'गुंच:' नामक कोई सहायक, 2. कविता-संकलन तैयार करने, 3. साथी, 4. शुभागमन, 5. ख़ुशमिज़ाजी, अच्छे-ख़ासे अभिमान, 6. अदब या विनम्रता के साथ, 7. प्रतिष्ठायुक्त, 8. कविताएँ, 9. दमन करना।

हैदराबाद में फ़ैज़ साहब, मैं और 'अता' मुल्हिक़[1] कमरों में रहते थे। मैं और 'अता' उनके सब मूडों से वाक़िफ़ हो गए थे। शे'र का आलम तारी होता था तो फ़ैज़ साहब ख़ामोश हो जाया करते थे। अलबत्ता उठते-बैठते गुनगुना चुकने के बाद इधर-उधर देखने लगते।

हम भाँप लेते थे कि सा-मेईन[2] की ज़रूरत है चुनाँचे हम दोनों कई कॉन्फ्रेंसों और लगातार सरगोशियों[3] के बाद मौज[4] की मुनासिबत[5] का अन्दाज़ा लगाकर गुरुनानक देव जी के भाई बाला और मर्दाना की तरह हुज़ूरे-शाइर[6] पहुँच जाते थे और इधर-उधर हाँकने के बाद ग़ज़ल या नज़्म का मुतालबा[7] शुरू कर दिया करते थे, कि अब बहुत अर्सा हो गया और लोग क्या कहेंगे वग़ैरह-वग़ैरह। अगर नज़्म या ग़ज़ल तैयार होती थी तो एक-आध शे'र सुना दिया करते थे वर्ना हुक्म होता कि भाग जाओ। हम समझ जाते थे कि इस इनकार में इक़रार मख़्फ़ी[8] है और बात फैला दी जाती थी कि—

'मानी[9] की सरज़मीं[10] पे नज़ूले-सरोज[11] है'

उनके नवाह[12] में शोरो-गोगा[13],दंगा-फ़साद, लड़ाई-झगड़ा, हत्तुलइम्कान[14] बन्द कर दिया जाता था। फ़ैज़ साहब ने बहुत नाज़ुक तबाअ पाई है। हमसाये में तू-तू मैं-मैं हो रही हो, दोस्तों में तल्ख़-कलामी हो, या यूँ ही किसी ने तेवरी चढ़ा रखी हो, उनकी तबीयत ज़रूर ख़राब हो जाती है और उसके साथ ही शाइरी की कैफ़ियत काफ़ूर हो जाती है। जो लोग 'अता' और मुझे जानते हैं वो जेरे-लब मुस्कुरा रहे होंगे कि ये हज़रात जिनको शाइरी देख पाए तो नस्र[15] में मुँह छुपाए। फ़ैज़ साहब की तबीयत पर क्योंकर बार[16] नहीं हो जाते थे! इसका भेद फ़ैज़ साहब ही खोल सकते हैं।

हैदराबाद में क़रीबन हर पन्द्रहवाड़े (पखवाड़े) एक मज्लिसे-मुशाइरा मुनअक़िद[17] करने का रिवाज हो गया था। यह मुशायरा कभी

---

1. जुड़े हुए, 2. श्रोताओं, 3. कानाफूसियों, 4. लहर, 5. सन्तुलन, 6. शाइर के पास, 7. सुनने की इच्छा, 8. छिपा हुआ, 9. अर्थ, 10. ज़मीन पर, 11. फ़रिश्ते का उतरना, 12. चारों तरफ़, 13. शोर-शराबा, कोलाहल, 14. यथासम्भव, 15. गद्य, 16. भार, बोझ, 17. आयोजित।

तर्ही[1] होता था कभी ग़ैर-तर्ही और सभी को उसमें हिस्सा लेना पड़ता था। 'दस्ते-सबा' में मुन्दर्जा-ज़ैल[2] मिस्रों पर कही हुई ग़ज़लें मौजूद हैं :

1. ज़िक्रे-मुर्ग़ाने-गिरफ़्तार[3] करूँ या न करूँ
2. आज क्यों मशहूर है हर एक दीवाने का नाम
3. देखना वह निगह्-ए-नाज़ कहाँ ठहरी है
4. वगरनः हम तो तवक़्क़ो ज़ियादः रखते हैं

फ़ैज़ की ग़ज़ल 'वहीं है दिल के क़राइन् तमाम कहते हैं' हसरत मोहानी की एक ग़ज़ल पर कही गई है। मेरे ज़हन में फ़ैज़ साहब की जेल की शाइरी के चार रंग हैं (या मूड कह लीजिए)। पहला रंग 'सरगोधा' और लायलपुर के जेलों में उनकी तीन महीनों की क़ैदे-तन्हाई का है। वो बहुत मुश्किल दिन थे। काग़ज़, कलम, दवात, किताबें अख़बार, ख़ुतूत, सब चीज़ें मम्नूअ[4] थीं। उन्होंने इस तरफ़ इशारा भी किया है :

मता-ए-लौह-ओ-क़लम छिन गई तो क्या ग़म है
के: ख़ूने-दिल में डुबो ली हैं उँगलियाँ मैंने
ज़बाँ पे मुहर लगी है तो क्या के: रख दी है
हर एक हल्क़ा:-ए-ज़ंजीर में ज़बाँ मैंने

सिर्फ़ एक शम्शुद्दीन* थे जो नवाबों, जिन्नों, भूतों, देवों[5], परियों, आलिमों, मामूलों[6] से अपने मुआमिलात के क़िस्से सुनाकर फ़ैज़ साहब का जी बहलाया करते थे। हैदराबाद में तो फ़ैज़ साहब उनके ज़िक्र से भरपूर थे आजकल भी अक्सर याद करते रहते हैं। उस क़ैदे-तन्हाई का उन पर इतना असर हुआ था कि हैदराबाद पहुँचने पर वो अकेला रहने से बहुत वहशत[7] खाते। अपनी-अपनी कोठरियों के अलावा एक हॉल भी

---

1. दी हुई पंक्ति के आधार पर ग़ज़ल कहना, या लिखना, 2. निम्नलिखित, 3. चिडिय़ा को फँसाने का, 4. निषिद्ध, 5. राक्षस, 6. वह व्यक्ति जिसे मंत्र पढ़कर बेसुध कर दिया गया हो, 7. भय।

* शमसुद्दीन सी (C) क्लास के क़ैदी थे जो उनका खाना तैयार करते थे। यू.पी. के रहनेवाले थे।

हमारे सुपुर्द किया गया था। हमें इजाज़त थी कि जहाँ चाहें बिस्तर जमा लें। हम अपने-अपने कमरे में रहना चाहते थे। लेकिन फ़ैज़ साहब हॉल में रहने पर मुसिर थे। कहते थे कि तुम्हें मेरी तन्हाई में रहना पड़ता तो दोस्तों की सुह्बत की क़द्र होती। लेकिन उन पर यह हालत ज़्यादा देर तारी न रही और कुछ अर्से के बाद वो अपने कमरे में चले गए। अब उनका बेशतर वक़्त हमें अपने कमरे से निकालने में सर्फ़ होता था।

फ़ैज़ साहब कहा करते हैं कि उन दिनों उनकी तबीयत में बहुत ज़ोरों की आमद[1] थी और तरह-तरह के मज़ामीन सूझ रहे थे। उस दौरान का कलाम कुछ तो उनके ज़हन से उतर गया। जो बच गया वह 'दस्ते-सबा' में मुन्दर्ज़ा ज़ैल-मुन्दर्ज़ा[2] पर मुश्तमिल[3] है।

मता-ए-लौह-ओ-क़लम
दामने यूसुफ़
तौक़ो-दार का मौसम (पहला हिस्सा);
तिरा जमाल निगाहों में लेके उट्ठा हूँ

तुम आए हो न शबे-इन्तिज़ार गुज़री है
तुम्हारी याद के जब ज़ख़्म भरने लगते हैं
शफ़फ़[4] की राख में जल-बुझ गया सितार:-ए-शाम

कुछ कलाम ऐसा भी है जो सिर्फ़ सीन:-ब-सीन:[5] चल सकता है और जिससे फ़ैज़ साहब सिर्फ़ मख़्सूस दोस्तों को नवाज़ते हैं।

उनकी शाइरी का दूसरा रंग हैदराबाद का है। यहाँ हमें हर तरह का जिस्मानी आराम जो जेल में मुम्किन हो सकता है, मयस्सर था—

गोशे में क़फ़स[6] के मुझे आराम बहुत है

---

1. शाब्दिक अर्थ है 'आना' मगर यहाँ तात्पर्य है किसी शे'र या ग़ज़ल का मस्तिष्क में अपने आप आ जाना, 2. निम्नांकित, 3. सम्मिलित, 4. उषाकालीन लालिमा, 5. पहले से चली आती हुई बात, 6. बन्दीगृह।

की-सी हालत थी, कि ज़ाहिरी आराम का आसाइश के पर्दे में हज़ारों हसरतों का ख़ून और लाखों तमन्नाओं का क़ब्रिस्तान था। हमारे ख़िलाफ़ ताज़ीरी[1] दफ़ाएँ ऐसी लगी हुई थीं जिनकी सज़ा मौत थी। इसके साथ सफ़ाई पेश करने की सहूलियत बहुत हद तक हमें मयस्सर नहीं थी। लेकिन हमने समझ रखा था—

दर बयाबाँ गर बशौक़े-काबा ख़्वाही ज़द क़दम
सर-ज़निश्हा गर कुनद ख़ारे-मुग़ीलाँ ग़म मख़ूर

[अगर जंगलों के रास्ते पर चलकर शौक़ से काबे के द्वार को ठेलकर उसमें क़दम रखने की ख़्वाहिश है।

तो उस निशान पर फ़तेह करना बबूल के काँटों से होनेवाली पीड़ा को झेलना पड़ेगा।]

और वक़्ती तौर पर शोरो-ग़ोग़ा, हाव-हू, गाली-गलौच के ज़रिए आनेवाले ख़तरे की आहट को दबाए हुए थे। डेढ़-दो साल हमारा मौज़ू-ए-सुख़न सिर्फ़ फ़तह रहा। मुझे याद नहीं पड़ता कि मेरे सामने किसी ने कभी शिकायत का ज़िक्र किया हो। हम समझते थे कि ऐसा ज़िक्र एक दफ़ा शुरू हो गया तो नहीं रुकेगा। हम फ़ैज़ के इस मशहूर मक्ले[2] पर अमल कर रहे थे कि जब मुदाफ़िअत की सूरत न रहे तो धावा बोल दो। चुनाँचे शुरू दिन से हम अदालत के अन्दर हस्बे-तौफ़ीक़[3] गलग़ल: अन्दाजी[4] करते रहे। फ़ैज़ साहब ने उसमें बहुत कम हिस्सा लिया। लेकिन हमें कभी रोका भी नहीं। वह अपना जोशो-वल्वला अपने शे'रों में मुन्अक्स[5] कर लिया करते थे।

फिर हश्र के सामाँ हुए ऐवान-ए-हवस[6] में
बैठे हैं ज़विल-अद्ल[7] गुनहगार खड़े हैं
हाँ, जुर्मे-वफ़ा देखिए किस-किस पे है साबित
वो सारे ख़ताकार सरे-दार खड़े हैं

---

1. दंड की, 2. कथन, 3. अपनी हैसियत के अनुसार, 4. तीव्र गति से चलने की कोशिश, 5. अंकित, 5. हवस का महल, 6. इंसाफ़ करनेवाले।

यही जुनूँ का, यही तौक़ो-दार[1] का मौसम
यही है जब्र, यही इख़्तियार का मौसम
क़फ़स है बस में तुम्हारे, तुम्हारे बस में नहीं,
चमन में आतिशे-गुल[2] के निखार का मौसम
बला से हमने न देखा तो और देखेंगे
फ़रोगे[3] गुलशनो-सौते-हज़ार[4] का मौसम

हुई है हज़रते-नासेह[5] से गुफ़्तगू जिस शब
वो शब ज़रूर सरे-कू-ए-यार गुज़री है

हमारे दम से है कू-ए-जुनूँ[6] में अब भी ख़जल[7]
अबा-ए-शेख़-ओ[8]-क़बा-ए-अमीर[9]-ओ-ताज-ए-शही[10]
हमीं से सुन्नते-मंसूरो-क़ैस[11] ज़िन्दा है
हमीं से बाक़ी है गुलदामनी[12]-ओ-कजकुलही[13]

ऐ ख़ाक-नशीनो[14] उठ बैठो, वह वक़्त क़रीब आ पहुँचा है
जब तख़्त गिराए जाएँगे, जब ताज उछाले जाएँगे

इ'ज्ज़े-अह्ले-सितम[15] की बात करो
इश्क़ के दम-क़दम की बात करो

देखने वाले देखेंगे कि 'दस्ते-सबा' के दूसरे हिस्से में जोशो-ख़रोश का वह आलम नहीं जो पहले निस्फ़[16] में है। इसकी एक वजह तो यह हो सकती है कि कुछ अर्सा मुक़दमे की समाअत हो चुकने के बाद हमें उम्मीद हो चली थी कि अगर अदालत की कार्रवाई में दिलचस्पी लें तो शायद बेहतरी की कोई सूरत निकल आए। इसलिए सोच-विचार ने शोरीद:सरी[17] पर सब्क़त[18] ले ली थी। इसकी दूसरी वजह उनके भाई

1. मृत्युदंड से पहले गर्दन में अर्द्धचन्द्र जैसा, जो पहनाया जाता था उसे तौक़ कहा जाता था, दार का अर्थ है सूली, 2. फूल रूपी अग्नि, 3. उन्नत, 4. गुलशन और हज़ारों क़िस्म की आवाज़ों, 5. उपदेशक, 6. दीवानगी की गली, 7. लज्जित, 8. धर्माधीश का चोग़ा, 9. हाकिम का अँगरखा (गाउन), 10. बादशाह का ताज, 11. मंसूर हल्लाज़ और क़ैस यानी मजनूँ की परम्परा, 12. फूल टँका दामन, 13. तिरछी पगड़ी, 14. धूल (ज़मीन) पर बैठे हुए लोगो, 15. सितम ढाने वालों की बेबसी, 16. आधे हिस्से, 17. दीवानगी, 18. प्रथम स्थान।

की अन्दोहनाक[1] मौत थी।* वो हैदराबाद उनसे मिलने आए और अपने एक रूहानी पेशवा की तरफ़ से उनकी रिहाई की ख़ुशख़बरी लाए थे। अभी हैदराबाद में ही थे कि 18 जुलाई, 1952 ई. की सुबह को नमाज़ पढ़ते हुए इस दुनिया से रिहलत[2]कर गए।* फ़ैज़ साहब को इतना सदमा हुआ कि महीनों तक नीम मुर्दा[3] हालत में रहे। एक दिन तो चारपाई से उतरते हुए बेहोश होकर फ़र्श पर गिर पड़े। आवाज़ सुनकर मैं और अता भागे-भागे गए और ज़मीन से उठाकर बिस्तर पर लिटाया। यह घाव अभी तक भरा नहीं है। गो उन्होंने हस्बे-आदत[4] उसे कैमोफ़लाज (camouflage)[5] कर लिया है।

फ़ैज़ साहब की कैमोफ़लाज करने की आदत भी अजीब है। कई दफ़ा ऐसा हुआ कि सिगरेट ख़त्म हो गए, लेकिन बजाय इसके कि साथियों से माँग लें, बेक़रारी दूर करने के लिए अहाते के चक्कर काटने शुरू कर दिए। उस बेक़रारी की तशख़ीश[6] में हमें काफ़ी अर्सा लगा। उनको छिपकलियों से बहुत घिन आती थी। मेरे ख़याल में ख़ौफ़ खाते थे। एक दिन हम सब बरामदे में चारपाइयाँ डालकर सोने की तैयारी में थे कि फ़ैज़ साहब ने दफ़अतन[7] उठकर इधर-उधर चक्कर काटने शुरू कर दिए। अता की चारपाई पास ही थी।

उसने सोचा कि दाल में कुछ काला है। हाथ की तरफ़ देखा तो सिगरेट सुलग रहा था। फ़ैज़ साहब की नज़रों का पीछा किया, देखा कि उनकी नज़रें बार-बार छत की तरफ़ उठ रही थीं। वे चारपाई के पास आते थे और आगे निकल जाते थे और घूमकर यही अमल दुहराते थे। अता ने छिपकली को देख लिया और उठकर फ़ैज़ साहब की चारपाई खींचकर एक तरफ़ कर दी।

---

1. विषादपूर्ण, 2. कूच (निधन हो गया), 3. अधमरी, 4. आदत के अनुसार, 5. छलपूर्वक छिपा लेना, 6. जाँच-पड़ताल, 7. अचानक।

* इसमें विरोधाभास है।

तीसरा रंग कराची का है जहाँ फ़ैज़ साहब दो माह के लिए मुक़ीम रहे। दर-अस्ल यह रंग दूसरे और चौथे की दर्मियानी कड़ी है। कराची में अस्पताल में फ़ैज़ साहब जेल की ब-निस्बत क़द्रे[1] आज़ाद फ़ज़ा में रहे। दोस्तों के साथ बग़ैर किसी क़बाहत के मुलाक़ात हो जाया करती थी। वहाँ उन्हें ब-वजूहे-आज़ादी[2] की नेमतों का शिद्दत से एहसास हुआ। उस शदीद एहसास के बाद जब वो मंटगुमरी आए तो क़ैद का एहसास भी शिद्दत पकड़ गया और उनकी शाइरी में ज़ाहिर हुआ। इसीलिए उन्होंने कराची और मंटगुमरी में लिखी हुई ग़ज़लों और नज़्मों के मज्मूए का नाम 'ज़िन्दाँनामा' तजवीज़ किया है।

कराची में फ़ैज़ साहब ने अपनी मा'रकतुल-आरा[3] नज़्म 'मुलाक़ात' लिखी। इस नज़्म का पहला बंद अक्टूबर 1953 ई. में मंटगुमरी आकर मुकम्मल हुआ था और दूसरा और तीसरा नवम्बर में। उसे कराची से इसलिए मंसूब[4] कर रहा हूँ कि वो इसके 'जरासीम' कराची से लाए थे उसमें उस माही-बे-आब[5] की तड़प है जिस पर जाँसोज़-महरूमी[6] के बाद कुछ पानी छिड़क दिया गया हो और वक़्ती सुकून के बावजूद उसे इस बात का शिद्दत से एहसास हुआ कि थोड़ा-सा पानी जो उसे मयस्सर आया है, सूखने वाला है। यह नज़्म दर्द की इन्तिहाई शिद्दत के साथ इन्तिहाई तस्कीन की भी मज़हर[7] है इसमें ईमानो-ईक़ान[8] की जगमगाहट भी है, इसमें इनसानी हौसला, अज़्म[9] और हिकमत का राग भी गाया गया है। ऐसा हौसला, अज़्म और हिकमत जो सिर्फ़ आज के इनसान का तरह-ए-इम्तियाज़[10] हैं जो धरती माता पर निहायत मज़बूती से क़दम जमाकर सितारों पर कमन्दें[11] फेंक रहा है और माहताब पर शब-ख़ून[12] मारने की फ़िक्र में है,

1. थोड़ा, ज़रा-सा, 2. आज़ादी के कारणों से, 3. श्रेष्ठतम, 4. सम्बन्धित, 5. बग़ैर पानी की मछली, 6. जान जलाने वाली वंचना, 7. प्रकट रूप, 8. श्रद्धा और विश्वास, 9. संकल्प, 10. विवेक की बुनियाद, 11. फन्दे, जाल, 12. छिपकर आक्रमण करना (गुरिल्ला युद्ध)।

जो पानी, हवा, दरिया, समुन्दर, बर्क़ो-बाराँ[1] और कायनात की दूसरी परियों और देवों को मस्ख़र कर चुका है या उनकी तस्ख़ीर[2] किया चाहता है, जिसकी सैकड़ों, हज़ारों सालों की अलम्-नसीबी[3] और जिगर-फ़िगारी[4] के अम्बार आज उसके लिए हर्कत और हरारत का मुम्बा[5] बने हुए हैं।

फ़ैज़ साहब की जेल की शाइरी का चौथा रंग मंटगुमरी का है। यहाँ हमें कमोबेश हैदराबाद की-सी सहूलियतें मयस्सर थीं जेल के अर्बाबे-इक़्तिदार[6] भी नेक दिल लोग थे, जो जेल के क़वाइदो-ज़वाबत[7] से सरे-मू[8] इन्हिराफ़[9] न करने के बावजूद हमारी दिल-शिकनी नहीं होने देते थे। उनमें बाज़ अच्छे ज़ौक़ के लोग भी थे जो हमारे साथ अदबी छेड़-छाड़ जारी रखते थे। एक साहब को तो ऐसा ढंग आता था कि उनके आने के कुछ ही लमहों के बाद फ़ैज़ साहब तूती[10] की तरह चहचहाने लगते थे और मालूम होता था कि दुश्मनों ने उन पर कम-गोई[11] का इल्ज़ाम तराश लिया है। उन साहब को 'चिरकीं' से लेकर मिर्ज़ा ग़ालिब तक के सब शो'रा के कुछ न कुछ भले-बुरे शे'र याद थे और उन्होंने तीरथराम फ़ीरोज़पुरी के नाविलों से लेकर सआदत हसन मंटो की कहानियों तक सब कुछ पढ़ रखा था। वो आते ही अलैक-सलेक के बाद शुरू हो जाते और फ़ैज़ साहब की तरफ़ से तवज्जो होने-न-होने की परवाह किए बग़ैर यहाँ से वहाँ, वहाँ से कहीं और कुछ कहते रहते, इत्ता कि फ़ैज़ की कोई ऐसी रग छिड़ जाती कि ग़ुस्से में या मौज में आकर उनसे कुछ कहे बग़ैर रहा न जाता।

मंटगुमरी में फ़ैज़ साहब को अपनी बीवी-बच्चियों और दूसरे दोस्तों, रिश्तेदारों से मुलाक़ात में भी आसानियाँ थीं। दिल बहलावे के लिए हमने अपने अहाते के अन्दर एक फुलरी भी बना ली थी जिसका सिलसिला बढ़ते-बढ़ते सारे जेल में फैल गया था, बल्कि जेल के बाहर भी लोगों को फूलों की पनीरी (पँजीरी) मुहय्या की जाती थी। फ़ैज़ को फूलों का शौक़

---

1. बिजली और बारिश, 2. वशीभूत, 3. दुर्भाग्य, 4. घायल हुआ जिगर, 5. स्रोत, 6. सत्ताधारी लोग, 7. क़ायदे-क़ानून, 8. बाल की नोक के बराबर, ज़रा-सा, 9. अवहेलना, 10. मैना, 11. अल्पभाषी।

इतना था कि उन्होंने वलायत से अपनी ख़ुशदामन[1] और एक दोस्त के ज़रिए फूलों के बीज मँगवाए। फूल एक बढने, फूलने-फलने की चीज़ है, उनसे जेल में ख़ूब जी बहलता है और कोई न कोई नई सूरत पैदा हो जाती है। इसके अलावा आदमी कैद का एक-एक दिन गिनने की बजाय मौसम गिनने लगता है, जो तवील से तवील क़ैद में भी अँगुलियों पर गिने जा सकते हैं। साथ ही नज़रे मुस्तक़्बिल[2] की तरफ़ रहती हैं कि आनेवाले मौसम में फूल लगाने के लिए क्या-क्या बन्दोबस्त करना है। और गुज़िश्त:[3] ग़ल्तियों के इआदे[4] से बचाव की क्या सूरत है।

लेकिन इन सब बातों के बावजूद मंटगुमरी में फ़ैज़ साहब को क़ैद का बहुत शदीद एहसास था। इसकी वजह तो यह थी कि हैदराबाद से तब्दीली पर यारों-दोस्तों से जुदाई का बहुत क़ल्क़ था। एक तरह से भरा घर उजड़ गया था। दूसरी वजह मैं बयान कर चुका हूँ कि कराची के दौरान क़याम की निस्बतन आज़ाद फ़ज़ा के बाद क़ैद का बोझ ज्याद: तकलीफ़देह हो गया था। सबसे बड़ी वजह शायद यह थी कि मुस्तक़्बिले-क़रीब में रिहा हो जाने की उम्मीद का जो मौहूम[5]-सा चिराग़ अब तक जलता रहा था वो अब ख़ामोश हो चुका था और शुरू-शुरू की क़ैदे-तन्हाई का रंग एक हद तक ऊद[6] कर आया था। दर्दो-ग़म का तूफ़ान उमड़ पड़ा था। अब वो जेल की दीवारों, दरवाज़ों, सलाख़ों, पहरेदारों को ग़ौर से देखने लगे थे। पहले बाहर की दुनिया के साथ तख़य्युल का बिल्-वास्ता[7] ताल्लुक था, अब उसे भी जेल की दीवारें फाँदकर आना पड़ता था—

हम अह्ले-क़फ़स तनहा भी नहीं,
हर रोज़ नसीमे-सुब्हे-वतन
यादों से मुअ'त्तर आती है,
अश्कों से मुनव्वर जाती है

इस शे'र में नसीमे-सुब्हे-वतन की दीवारों को फाँदने की सरसराहट साफ सुनाई दे रही है और इसका हिज्राँ-नसीब[8] क़ैदी को जेल वालों की

1. सास, 2. भविष्य, 3. बीती हुई, 4. दुहराव, 5. भ्रम, 6. लौटकर, 7. मध्यधर्मी, 8. जिसके भाग्य में वियोग ही वियोग हो।

नज़रों से बच-बचाकर यादों का तोहफ़ा देना और उसके आँसुओं की सौग़ात लेकर जाना भी नज़र आ रहा है।

जब तक सोहनी कामियाबी से चिनाब को उबूर करके महीवाल को मिल लिया करती थी, उस वक़्त तक उसके ज़हन में चिनाब की लहरों और घड़े की पुख़्तगी का एक मौहूम तसव्वुर था। उसकी सारी नवज्जो महीवाल पर मर्कूज़[2] रहती थी कि वो कैसा होगा, कैसे मिलेगा और रुख़्सत के वक़्त दिल पर क्या गुज़रेगी, जब वो कच्चे घड़े की बदौलत दरिया में डूबने लगी, उस वक़्त नज़रें यार की कुटिया पर थीं, लेकिन कोई वक़्त ऐसा ज़रूर आया होगा जब पूरी शिद्दत के साथ उसको दरिया की हस्ती का एहसास हुआ होगा और कच्चे घड़े की चिकनी मिट्टी हाथों में महसूस करके पका घड़ा भी याद आया होगा और जब वो महीवाल की ख़ातिर जान बचाने के लिए हाथ-पाँव मार रही होगी तो एक लमहे के लिए महीवाल का तसव्वुर भी ज़हन से उतर गया होगा। हैदराबाद के क़याम के दौरान मैं फ़ैज़ साहब का तसव्वुर बाहर की दुनिया के साथ बहुत मज़बूती के साथ जमा रहा था। जेल की ज़िन्दगी ने यह रिश्ता और भी मज़बूत कर दिया था। 'दस्ते-सबा' के आख़िर मैं फ़ैज़ साहब की दो हसीनो-जमील नज़्में 'ज़िन्दाँ की एक शाम' और 'ज़िन्दाँ की एक सुब्ह' उस पर शायद हैं। यहाँ उन्होंने ज़िन्दाँ के करीहुलमंज़र[3] देव[4] की हैबतनाकी[5] का पूरा-पूरा नक़्शा खींच दिया। लेकिन उनके चेहरे पर तहक़ीर-आमेज़[6] मुस्कुराहट है और उन्होंने मसर्रत व शादमानी[7] के ऐसे ज़राये निकाल लिए हैं जो ज़िन्दाँ के इफ़्रीयत[8] के अहात:-क़ुदरत से बाहर हैं—

दिल से पैहम[9] ख़याल कहता है
इतनी शीरीं है ज़िन्दगी इस पल
जुल्म का ज़हर घोलने वाले
कामराँ हो सकेंगे आज न कल

---

1. केन्द्रित, 2. घृणित दिखाई देने वाले, 3. दानव, 4. भयावह, 5. घृणा भरी, 6. प्रसन्नता, 7. फ़रेबी, 8. निरन्तर।

चाँद को गुल करें तो हम जानें
गोया फिर ख़्वाब से बेदार हुए दुश्मने-जाँ
संगो-फ़ौलाद से ढाले हुए जिन्नाते-गराँ[1]

जिनके चंगुल में शबो-रोज़ हैं फ़रियाद-कुनाँ[2]
मेरे बेकार शबो-रोज़ की नाज़ुक परियाँ
अपने शहपोर[3] *की रह देख रही हैं ये असीर*[4]
जिसके तरकश में हैं उम्मीद के जलते हुए तीर

कराची के क़याम के बाद यह तिलिस्म टूट गया और मंटगुमरी में जेल अपनी पूरी हौलनाकियों[5] के साथ रू-ब-रू आ गया। चुनाँचे उनके दर्दे-दिल ने दुनिया भर के असीरों के रंजो-अलम को अपने अन्दर समो लिया था। केन्या के बाशिन्दों पर जम्हूरियत और आज़ादी के दावेदारों के हाथों बे-पनाह ज़ुल्मो-सितम और उनके अपने वतन के मसाइब[6] फ़ैज़ साहब के लिए सहाने-रूह[7] बने हुए थे। वो अफ़रीक़ी औरतों के कार-हाए-नुमाया[8] से ख़ासतौर पर मुतास्सिर थे। कई दफ़ा मुझे महसूस होता था कि वो पाकिस्तानी नहीं रहे, अफ़रीक़ी बन गए हैं। उनकी नज़्म 'आ जाओ ऐफ़्रीक़ा' उसकी मज़हर है।

"हम जो तारीक राहों में मारे गए" रोज़नबर्ग (Rosenberg) जोड़े की बेमिसाल क़ुर्बानी से मुतास्सिर होकर लिखी गई है। यहाँ वो मरते दम तक इनसानियत के मुस्तक़्बिल, इन्क़लाब या मुहब्बत या इन सबके साथ अपनी वफ़ादारी जतलाते रहते हैं। इस नज़्म की आफ़ाक़ियत (Universality) अज़ीबो-ग़रीब है। इसमें सदियों को पाटकर हर ज़माने और हज़ारों मील की मुसाफ़त[9] तय करके, हर मुल्क के शहीदों को एक सफ़ में खड़ा कर दिया है। यह नज़्म कर्बला, पलासी, श्रिंगापट्टम, मुदकी, झाँसी, जलियाँवाला, क़िस्सा-ख़्वानी, स्तालिनग्राद, मलाया, केन्या, कोरिया, तेलंगाना, मराक़श, ट्युनिस—सभी से मुतअल्लिक़ मालूम होती है

---

1. भारी-भरकम भूत-प्रेत, 2. फ़रियाद करनेवाले, 3. बड़े-बड़े डैनों (पंखों), 4. फन्दा, क़ैदी लोग, 5. भयावहताओं, 6. मुसीबतें, 7. आत्मा का औज़ार, 8. कारनामों, 9. यात्रा।

और तेहरान, कराची और ढाका की सड़कों पर दम तोड़ते तुलबा मराकिश, ट्युनिशिया और केन्या और मलाया के ख़ून में लथफथ मुजाहिद[1], सब एक ही जाँ-फ़रोज़[2] नारा दोहराते सुनाई देते हैं :

तेरे कूचे से चुनकर हमारे अलम
और निकलेंगे उश्शाक़ के क़ाफ़िले
जिनकी राहे-तलब से हमारे क़दम
मुख़तसिर कर चले दर्द के फ़ासले

हम मंटगुमरी में ही थे कि ईरानी मुहिब्बाने-वतन[3] को जेल में गोली का निशाना बनाने की मुफ़स्सल रूदाद अमेरिकी रिसाल: 'टाइम' में आई। साथ ही उनकी क़त्लगाह में ली गई तस्वीर भी थी।

'सादी' और 'हाफ़िज़'[4] के वतन से फ़ैज़ को ख़ास मुहब्बत है। कई दिन मुज़तरिब[5] रहे और बिल आख़िर उनका इज़्तिराब 'आख़िरी रात' की शक्ल में नमूदार हुआ। यह नज़्म उन ख़यालात व तसव्वुरात की तर्जुमानी करती है जो क़ैदी के ज़हन में उस रात गुज़रते हैं जिसकी सुबह को उसे शहीद होना होता है। इनसानियत की राह में बहे हुए ख़ून की करिश्मा-साज़ियाँ[6] देखिए, शोहदा[7] कहाँ-कहाँ और किस-किस रंग में नए रूप धार लेते हैं—

कुश्तगाने-ख़ंजरे-तस्लीम रा
हर ज़माँ अज़ ग़ैब जाने-दीगर अस्त

[क़त्ल किए गए लोगों के लिए ख़ंजर सुपुर्द कर दिए गए थे। हर युग में दूसरों के प्राण परोक्ष (या दैवी) रूप में तय हो जाते हैं।]

फ़ैज़ साहब की उस ज़माने की ज़ेहनी कैफ़ियत की पूरी-पूरी तर्जुमानी अगर कोई नज़्म करती है तो वह 'दरीचा' है।

मंटगुमरी से दाँतों के इलाज के सिलसिले में कोई तीन हफ़्ते के लिए मार्च 1954 ई. में हमें लाहौर आना पड़ा। लाहौर से फ़ैज़ साहब को वालिहाना[8] मुहब्बत है। वो लाहौर आना बिलकुल पसन्द नहीं करते थे।

1. पराक्रमी, 2. जानदार, 3. देशप्रेमियों, 4. सादी और हाफ़िज़ दोनों ही फ़ारसी के महान शाइर थे, 5. दुखी, 6. चमत्कार उत्पन्न करने की बात, 7. शहीद हुए लोग, 8. आशिक़ों की भाँति।

कहते थे दिल पर बार[1] गुज़रेगा। यहाँ आकर लाहौर का पानी पिया, उसकी फ़ज़ा में साँस लिया, लाहौर की आवाज़ें सुनीं और लाहौर के बाज़ गामों-माझों[2] से जो ख़त्मे-नबूअत-तहरीक[3] के सिलसिले में जेल आए हुए थे, मुलाक़ात हुई और इस दिलो-दोज़[4] नज़्म 'ऐ रौशनियों के शहर' का ज़हूर[5] हुआ, जिस पर कोई शहर जितना भी फ़ख्र करे, बजा[6] है।

फ़ैज़ साहब के दिल में लाहौर और लाहौर वालों की मुहब्बत का जोश एक दफ़ा पहले भी उमड़ पड़ा था, जब 1953 ई. में लाहौर के गली-कूचे उसके फर्ज़न्दों[7] के ख़ून से रंगीन हो गए थे। 'लाहौर के नाम' अभी तक अधूरी है।

मंटगुमरी में उनकी शाइरी के बारे में मेरी और उनकी काफ़ी बह्सो-तम्हीस[8] हुआ करती थी। मैं कोई न कोई बात कहता रहता था और उनको जवाब दिए बगैर चार:[9] न था। शाइर और माइर[10] वाला मामला था। राहे-मफ़र[11] एक ही थी कि सरकार के आगे सर तस्लीम ख़म[12] करके मुझसे नजात पाते। इसका सवाल ही पैदा नहीं होता था। लिहाज़ा मरता क्या न करता। आजकल भी मज़ाकन कहा करते हैं कि 'ज़िन्दाँनामा' के ज़िन्दाँनामा होने में तुम्हारी 'वहाबियत'[13] का भी दखल है।

---

1. बोझ, 2. गामों-माझों : फ़ारसी में 'गाम' का अर्थ है—स्थान, हिन्दी में है—गाँव। मगर ये दोनों ही शब्द पंजाबी भाषा से लिए गए हैं। इनमें से 'गाम' का अर्थ 'गाँव' भी है और 'इलाक़ा' भी। जहाँ तक 'माझों' शब्द का मामला है, तो उसका अर्थ है—'दोआबा' लेकिन 'माझाँ' शब्द का प्रयोग उस क्षेत्र के लिए होता है, जो रावी, सतलुज और व्यास नामक नदियों के आसपास बसा हुआ है। इस प्रकार इसे 'त्रिआबा' भी कहा जा सकता है। 3. ख़त्मे-नबूअत तहरीक : यह आन्दोलन लाहौर समेत अनेक शहरों और गाँवों तक में फैल गया था, जिसके मूल में एक पाकिस्तानी मुसलमान का दिया 'ख़त्मे नबूअत ज़िन्दाबाद' का नारा था। यह कोई धार्मिक आन्दोलन नहीं था, बल्कि इसका उद्देश्य सत्ताधारी वर्ग का विरोध करना था। इन आन्दोलनकारियों का एक ही उद्देश्य था कि इस दुनिया से मुँह मोड़कर हज़रत मुहम्मद (स.अ.) की हुरमत (यानी इज़्ज़त) पर क़ुर्बान हो जाएँ। 4. दिल को सान्त्वना देनेवाली, 5. प्रकट होना, 6. उचित, 7. बेटों, 8. बहस-मुबाहिसा, 9. उपाय, 10. मस्ख़रा (?) 11. बचने की राह, 12. स्वीकार में सर झुका कर, 13. 'वहाबी' एक ऐसा शब्द है, जिसे अधिकांश मुसलमान ग़ैरइस्लामी मानते हैं। वस्तुत: यह एक आन्दोलन था—अपनी धरती को ब्रिटिश ग़ुलामी से मुक्ति दिलाने के लिए। इसके संस्थापक रायबरेली के फ़कीर सैयद अहमद बरेलवी थे। मगर कालान्तर में चूँकि इस आन्दोलन के केन्द्र में नेज्ब के अब्दुल वहाब आ गए, इसलिए इसे वहाबी आन्दोलन कहा जाने लगा।

फ़ैज़ की जेल की शाइरी में वतन की मुहब्बत के चश्मे[1] हर तरफ़ फूट रहे हैं। वो जा-बजा अपने देस और उसके बासियों की ख़स्त:हाली, क़ौम की इज़्ज़त व नामूस[2] की अर्ज़ानी[3], लोगों की नादारी, जहालत, भूख और ग़म को देख-देखकर बेतरह तड़प रहे हैं—

निसार मैं तिरी गलियों के ऐ वतन, कि जहाँ
चली है रस्म के: कोई न सर उठा के चले
जो कोई चाहने वाला तवाफ़[4] को निकले
नज़र चुरा के चले जिस्मो-जाँ बचा के चले।

बाज़ दफ़ा कुछ और नहीं बनता तो ख़याली पुलाव पकाने लगते और जेल की काल-कोठरी में बैठकर भी गर्द-आलूद[5], परीशाँ हाल लैला-ए-वतन[6] को बना-सँवरा देखना चाहते हैं :

बुझा जो रौज़ने-जन्दाँ तो दिल ये समझा है
कि तेरी माँग सितारों से भर गई होगी
चमक उठे हैं सलासिल[7] तो हमने जाना है
कि अब सहर तेरे रुख़ पर बिखर गई होगी

वतन की मुहब्बत इस तरह उनके रगो-पै[8] में सरायत[9] कर गई है कि अब उसको दूसरी मुहब्बतों से अलहृदा करके देखना नामुमकिन हो गया है—

चाहा है इसी रंग में लैला-ए-वतन को
तड़पता है इसी तौर से दिल उसकी लगन में
ढूँढ़ी है यूँ ही शौक़ ने असाइशे-मंज़िल[10]
रुख़सार के ख़म में कभी काकुल[11] की शिकन में

ज़िन्दाँ में न जाने क्या बात थी कि हम सबकी हुब्बे-वतन मामूली से ज़्यादा जोश पर थी। सुबह-शाम पाकिस्तान का ज़िक्र होता रहता था। बेबसी ने मिज़ाजों में चिड़चिड़ापन पैदा कर दिया था। कभी ग़ज़बनाक[12] हो जाते थे,

1. झरने, 2. मर्यादा, 3. सस्तापन, 4. परिक्रमा, 5. धूल-भरे, 6. वतन रूपी लैला (प्रेमिका), 7. बेड़ियाँ, 8. समूचे जिस्म, 9. एक-दूसरे में मिल जाना, 10. मंज़िल की खुशहाली, 11. बालों की लट, 12. कुपिता

कभी गिरियः-ओ-ज़ारी[1] को जी चाहता था। दस्त-पा[2] तो नकारः कर दिए गए थे लेकिन दिलो-जाँ पर आफ़त आई हुई थी।

1951 ई. में जब हिन्दुस्तान के पाकिस्तान की तरफ़ जारिहाना[3] इरादों की ख़बरें शायः हुईं तो हम में से उन अफ़सरों ने जो अभी तक मा'ज़ूल[4] नहीं किए गए थे, गवर्नमेंट को दरख़्वास्त दी कि पाकिस्तान की हिफ़ाज़त में हमको भी जान लड़ाने की इजाज़त दी जाए, ख़ास तौर पर जबकि हर एक को कश्मीर में हिन्दुस्तानी फ़ौजों से लड़ने का तजुर्बा है। दरख़्वास्त में वाज़ः कर दिया गया था कि हमारा मक़सद मुक़दमे से जान छुड़ाने का नहीं, हम गवर्नमेंट से सिवाय इसके कुछ नहीं चाहते थे कि हंगामी हालात के दौरान में मुक़दमे को मुल्तवी कर दिया जाए। यह कोई स्टंट भी नहीं था, इसलिए कि हमें मालूम था कि हिन्दुस्तानी फ़ौजों के शानः-ब-शानः[5] हिन्दू-सभाई और अकाली दरिन्दे भी होंगे और मग़रिबी पाकिस्तान से कोई राहे-मफ़र[6] नहीं थी। हमारी दरख़्वास्त मुस्तरद[7] कर दी गई। बह्‌रहाल ज़माना खरे-खोटे की तमीज़[8] ज़ूद[9] या बदेर[10] कर ही लेगा—

नज़ीरी काश ब-नुमाई केः दरे-साग़र चःमी-दारी
केः पेशे-ज़ाहिदाँ क़द्रे-गुनहगाराँ शवद पैदा

['नज़ीरी' (फ़ारसी का मशहूर शाइर) कहता है कि काश! मेरे शराब के प्याले में कोई देख लेता कि इबादत करने वालों (भक्तों) के समक्ष गुनहग़ारों के गुण भी प्रकट हो जाते हैं।]

हिन्दुस्तान और पाकिस्तान का ज़िक्र चल निकला है, जेल में फ़ैज़ साहब अकसर अपने हिन्दुस्तानी दोस्तों को याद किया करते थे। उनमें कई एक लाहौर के रहनेवाले थे। कई दूसरे सालिहासाल तक पंजाब में रह चुके थे। मौलाना हसरत मोहानी, रशीद जहाँ, साहबज़ादे महमूदुल 'ज़फ़र', असरारुल हक़ 'मजाज़', मख़दूम मुहीउद्दीन, अली सरदार जाफ़री, पंडित हरीचन्द 'अख़्तर', उपेन्द्रनाथ 'अश्क' और उनकी बेगम, मुल्कराज आनन्द,

1. विलाप, 2. हाथ-पाँव, 3. ख़तरनाक, 4. अपदस्थ, 5. कन्धे से कन्धा जोड़कर, 6. बचने का रास्ता, 7. निरस्त, 8. विवेक, फ़र्क़, 9. शीघ्र, 10. देर से।

कृश्न चन्दर, डॉ. अशरफ़, जोश मलीहाबादी, फ़िराक़ गोरखपुरी और दूसरे कई अस्हाब[1] का ज़िक्र मैंने कितनी दफ़ा सुना है कि महसूस करता हूँ कि उनके साथ एक अर्से से जान-पहचान है, हालाँकि उनमें से मैं किसी एक को भी ज़ाती-तौर पर नहीं जानता। सज्जाद ज़हीर और फ़ैज़ इकट्ठे हो जाते थे तो फिर बातें ही अकसर उन लोगों के बारे में हुआ करती थीं।

1947 ई. के फ़सादात का ज़माना फ़ैज़ साहब ने लाहौर में गुज़ारा था। उन्हीं दिनों मश्रिक़ी पंजाब भी हो आए थे। तरफ़ैन[2] के बहादुरों और सूर-बीरों (शूरवीरों) ने जिस तौर पर इनसानियत को ज़लील किया था, उसका आँखों देखा हाल अकसर सुनाया करते थे। बयान करते-करते रिक़्क़त[3] तारी हो जाती और रुक जाती। मेरे ख़याल में वो इतने बड़े पैमाने पर इस तफ़सील से उस हौलनाक ख़ान:जंगी[4] को देखने पर मजबूर रहे हैं कि शे'रों में उसको लाने की हिम्मत ही नहीं हुई। हो सकता है कि वक़्त मिलने पर वह नॉविल या ड्रामे के ज़रिए पंजाब की उस ट्रेजेडी को बयान करें। पंजाब की सरज़मीन यूँ तो हज़ारों सालों से हमल: आवरों की ताख़्तो-ताराज[5] का शिकार रही है। शायद ही यहाँ की कोई नस्ल ऐसी गुज़री होगी जिसने ग़ैर मुल्क की घोड़ों के सुमों[6] की टाप न सुनी हो। लेकिन उन हमलावरों में से अकसर बगूले की तरह आते थे और आँधी की तरह गुज़र जाते थे। तलवार के साये तले जीने की ज़िल्लत कुछ कम नहीं होती, लेकिन 1947 ई. में जिस तरह पंजाबियों ने पंजाबियों को ज़लीलो-ख़्वार किया, तमाम हमलावरों ने मिलकर भी नहीं किया होगा। अमृता प्रीतम के अल्फ़ाज़ में :

अज आखाँ वारिस शाहनूँ कितूँ, क़ब्राँ व चूँ बूल
ते आज किताबे-इश्क़ दा कोई अगला वर्क़:फूल
इक रुई सी धी पंजाब दी तूँ लिख लिख मारे वयन
अज लिक्खाँ धियाँ रौंदियाँ तैजूँ वारिस शाहनूँ कहन
उठ दर्दमन्दाँ दिया दरदिया, उठ तक अपना पंजाब
अज बेले लाशाँ व पछियाँ तै लहू दी भरी चनाब

---

1. साहबों, लोगों, 2. दोनों पक्ष, 3. रुदन, 4. गृहयुद्ध, 5. लूटमार और बरबादी, 6. खुरों।

कैने पंजाँ पानियाँ विच दती ज़हर मिला
तै अविहाँ पानियाँ धरत नूँ दता ज़हर पिला
धरती तै लहू बसया क़ब्राँ पैयाँ चून
प्रीत दइयाँ शहज़ादियाँ अज विच मज़ाराँ रून
अज सभी कैदो बन गए हुस्न इश्क़ दे चूर
अज कित्थों लयाइए लुभ के वारिस शाह इक हूर

[आज वारिस शाह से कहती हूँ—अपनी क़ब्र में से बोलो!
और इश्क़ की किताब का कोई नया वर्क़ खोलो!
पंजाब की एक बेटी रोई थी, तूने उसकी लम्बी दास्तान लिखी,
आज लाखों बेटियाँ रो रही हैं वारिस शाह! तुमसे कह रही हैं :
ऐ मर्दमन्दों के दोस्त, पंजाब की हालत देखो
चौपाल लाशों से अटा पड़ा है, चनाब लहू से भर गया है
किसी ने पाँचों दरियाओं में ज़हर मिला दिया है
और यही पानी धरती को सींचने लगा है
धरती पर लहू बरसा, क़ब्रों से ख़ून टपकने लगा
और प्रीत की शहज़ादियाँ मज़ारों में रोने लगीं
आज जैसे सभी 'कैदो' बन गए हुस्न और इश्क़ के चोर
मैं कहाँ से ढूँढ़ लाऊँ एक वारिस शाह और]

फ़ैज़ साहब पाकिस्तान में बाज़ अस्हाब के इस नज़रिए पर बहुत रंजीदख़ातिर[1] हुआ करते थे कि हर वह चीज़ जिसका ताल्लुक़ हिन्दुस्तान से भी है, पाकिस्तान के लिए ज़ह्रे-हलाहल है। रेडियो पर सिवाय इक़बाल के कलाम की क़व्वालियों और फ़िल्मी गानों के कुछ सुनने में नहीं आता। चुनाँचे हम जेल वालों से बच-बचाकर हिन्दुस्तानी रेडियो स्टेशनों से अपने देस का राग सुना करते थे। किसी जाहिल ने बज़-अम-ख़ुदक़ौमी[2] जोश में

1. ग़मगीन, दुखित हृदय, 2. अपनी क़ौमी अन्धता के ढंग पर।

आकर अमीर ख़ुसरो, तानसेन, वाजिद अली शाह, अब्दुल करीम ख़ान, फ़ैय्याज़ ख़ान और दूसरी बीसों असातज्ञा और ज़अमा[1] से पाकिस्तान का रिश्ता तोड़ने को ऐन-हुब्बल-वतनी[2] समझ लिया था।

मुल्कों की सियासी व इक्तेसादी[3] हदें वक़्त के तक़ाज़ों के मुताबिक़ बदलती रही हैं। लेकिन एक ख़ित्त:-ए-ज़मीन[4] के कल्चर, ज़बान, अदब, आर्ट, मौसूक़ी, फ़न्ने-ता'मीर और दूसरी सेक़ाफ़ती[5] क़द्रों[6] का क़वाम[7] सैकड़ों, हजारों सालों की रियाज़त[8] के बाद तैयार होता है और उसकी बुनियादी तरकीब में तब्दीली आसान नहीं होती। पाकिस्तान और हिन्दुस्तान में सियासी धींगामुश्ती कैसी भी सूरत इख़्तियार कर जाए दिल्ली, लखनऊ, हैदराबाद और लाहौर की गंग-जमुनी तहज़ीबें अपनी जगह क़ायम रहेंगी और 'मीर' और 'ग़ालिब' में सबकी साँझ[9] रहेगी। हिन्दुस्तानी और पाकिस्तानी तहज़ीबों के दरख़्तों की जड़ें मोहनजोदड़ो, गया, हर्षपुर, गन्धार, टेक्सला (तक्षशिला), मथुरा, बनारस, अजन्ता, अजमेर, क़ुतुबमीनार, ताजमहल, जामा मस्जिद, शालीमार—हर जगह फैली हुई हैं। शाख़ों में कहीं समरकन्द व बुख़ारा और कहीं अरब व अजम से आए हुए पैवन्द[10] अपनी बहार दिखा रहे हैं। और कहीं प्राचीन डालें ज्यों की त्यों क़ायम हैं। दूसरे की ज़िद[11] में जड़ों को नुक़सान पहुँचाना या शाख़ों की नोच-खसोट करना अपने पाँव पर कुल्हाड़ी मारना है।

फ़ैज़ साहब उन इनसानियत नवाज़ रवायत से ताल्लुक़ रखते हैं जो हज़ारों सालों से दोनों मुल्कों की सर-ज़मीन का ख़ासा[12] रही हैं। वो इसी सिलसिले की कड़ी हैं, जिसे अमीर ख़ुसरो, भक्त कबीर, ख़्वाजा मुईनुद्दीन चिश्ती, बाबा नानक, बाबा फरीद, अबुल फ़ज़ल, फ़ैज़ी, बुल्लेशाह, वारिस शाह, शाह अब्दुल लतीफ़ भटाई, रहमान बाबा और दूसरे बहुत से बुज़ुर्गों ने फ़ैज़ बख़्शा है।

---

1. ज़मानतदारों, समूहों (?), 2. वास्तविक देश-प्रेम, 3. आर्थिक, 4.धरती के एक क्षेत्र, 5. सांस्कृतिक, 6. मूल्यों, 7. यथार्थ, 8. उद्यम, प्रयास, 9. बराबर का हक़, 10. क़लमी वृक्ष, रिश्ते, 11. रंजिश, 12. खानपान।

हैदराबाद में उनका दर्सो-तद्रीस[1] का सिलसिला अजब मत्अ[2] किस्म का था। कोई क़ुरआन मजीद और हदीस शरीफ़ का दर्स ले रहा है तो कोई सूफ़ियाए-कराम की तसानीफ़[3] 'फ़तूहुल-ग़ैब', 'कशफ़ुल-महजूब', 'अह्यल-उलूम' वग़ैरह के रमज़ो-निकात[4]। कोई अंग्रेज़ी और यूरोपियन अदब की उलझनें पेश कर रहा है : तो किसी ने मार्क्सी[5] जिदल्लियाती[6] फ़लसफ़े पर बहस शुरू कर रखी है। उर्दू-फ़ारसी तो तकिय:कलाम था। हैदराबाद में हमने उनको शागिर्द के रोल में भी देखा है। पोशनी के साथ मिलकर सज्जाद ज़हीर से फ्रांसीसी ज़बान सीखा करते थे। निहायत ग़बी[7] और कामचोर थे। सैय्यद साहब की उस्तादाना घुड़कियाँ और फ़ैज़ साहब की बहाना-साजियाँ बहुत लुत्फ़ पैदा करती थीं। मेहनतकशों से उन्हें ख़ास उल्फ़त है। हैदराबाद में एक बार हमारे अहाते में बिजली के खम्भे का फ़्यूज़ जल गया। एक मिस्त्री बग़ैर सीढ़ी के वहाँ पहुँच गया। हम तिलमिलाने लगे कि ख़्वाह-म-ख़्वाह वक़्त जाया करने के लिए आ गया है। उसने खम्भे को ज़रा ठोंका-बजाया और फिर यह जा-वह जा। बग़ैर सीढ़ी के खम्भे के सिरे तक पहुँचकर आँख झपकने में नया फ़्यूज़ लगा आया। फ़ैज़ साहब देर तक उसके क़सीदे पढ़ते रहे। मंटगुमरी में शाह जी एक पोस्टमैन, हमारे पार्सल वग़ैरह लाया करते थे। उनको देखकर फ़ैज़ साहब की आँखों में जिस क़िस्म की रौशनी आ जाया करती थी वह मैंने कम ही देखी है। दोनों ट्रेड यूनियन के मेम्बर रह चुके थे। कहा करते हैं कि हिन्दुस्तान, पाकिस्तान के मसाइल का हल एक ही है, कि दोनों मुल्कों में मेहनतकश अपने हक़ूक़ हासिल करके अपने-अपने चमनिस्तानों के वाली[8] बन जाएँ। इसके बाद इन मुल्कों के दर्मियान नफ़रत का ज़हर और उसको पैदा करनेवाले हल-तलब-मसाइल[9], जिनकी आड़ में साम्राजी आजकल अपने आह्नी[10] पंजे वतने-अज़ीज़[11] की रगों में दोबारा पैवस्त कर

---

1. पठन-पाठन, 2. रंग-बिरंगा, 3. रचनाएँ, 4. रहस्यमयी और गूढ़ बातें, 5. मार्क्सवादी, 6. वाद-विवाद सम्बन्धी, 7. मन्दमति, 8. शासक, 9. समस्याओं के हल चाहनेवाले, 10. लोहे के, 11. प्यारे देश।

रहे हैं, यूँ ग़ायब हो जाएँगे जैसे देवों-परियों के क़िस्सों में हीरों के इस्म[1] पढ़ने पर देव-भूत और दूसरी बलाएँ आनन-फ़ानन रफ़ा-दफ़ा हो जाती हैं।

फ़ैज़ की शाइरी में एक साहिबे-दिल[2] का जोश और वल्वला है। उसमें क़ौम का दिल धड़क रहा है। लेकिन शायद क्या बात, कि उसके क़वाम[3] में पाकिस्तान के मेहनतकशों का मुबारक पसीना और ख़ून की हरारत अभी तक पूरी मिक़्दार[4] में शामिल नहीं है। समन[5] व गुलाब को जिस चाहत से याद किया है उसी चाहत और तफ़्सील से इस बदहाल-बदनसीब का ज़िक्र नहीं है, जिसने समन व गुलाब को अपने ख़ूने-जिगर से सींचकर शादाब किया है और जिसको हक़ पहुँचता है कि वह भी उन समन व गुलाब की नज़ाकतों, रंग-रूप और इत्रबेज़ियों[6] से मुस्तफ़ीद हो सके। उनका दिल तो उधर खींचा जा रहा है लेकिन—

लग़्ज़िशे-पा[7] में है पाबन्दिए-आदाब अभी

उनकी शाइरी को ड्राइंगरूमों, स्कूलों, कॉलेजों से निकलकर सड़कों, बाज़ारों, खेतों और कारख़ानों में अभी फैलना है।

वो कहा करते थे कि ये चीज़ें सिर्फ़ पंजाबी में हो सकती हैं। लेकिन मैं समझता हूँ, यह उनकी मा'मूल[8] के मुताबिक क़स्र-नफ़सी[9] है और जबली[10] हिचकिचाहट। 'दस्ते-सबा' के इब्तिदाइय:[11] में उन्होंने फ़रमाया है कि "यूँ कहिए कि शाइर का काम सिर्फ़ मुशाहिदा[12] ही नहीं मुजाहदा[13] भी उस पर फ़र्ज़ है। गिर्दो-पेश के मुज़तरिब[14] क़तरों में ज़िन्दगी के दजल:[15] का मुशाहिद: उसकी बीनाई[16] पर है। उसको दूसरों को दिखाना उसकी फ़न्नी-दस्तरस[17] पर उसके बहाव में दख़ल-अन्दाज़ होना उसके शौक़ की सलाबत और लहू की हरारत पर और ये तीनों काम मुसलसल काविश[18] और जद्दो-जहद चाहते हैं।" आगे फ़रमाया है कि "हयाते-इनसानी की

---

1. नाम, 2. सहृदय, 3. इंसाफ़, 4. मात्रा, 5. चमेली, 6. ख़ुशबू फैलानेवालों, 7. डगमगाते हुए पाँव, 8. नियमित कार्यों, 9. सच्चाई की टूटन, 10. पर्वत जैसी दृढ़ता, 11. पुरोवाक्, 12. निरीक्षण, दर्शन, 13. तपस्या, 14. व्याकुल, 15. इराक़ की एक नदी, 16. आन्तरिक दृष्टि, 17. कलात्मक पहुँच, 18. जिज्ञासा।

इज्तिमाई[1] जद्दो-जहद का इदराक[2] और जद्दो-जहद में हस्बे-तौफ़ीक़[3] शिर्कत ज़िन्दगी का तक़ाज़: ही नहीं फ़न का भी तक़ाज़: है।" 'ज़िन्दाँनामा' इस अम्र[4] की ग़म्माजी[5] करता है कि फ़ैज़ साहब के मुशाहिद: और मुजाहिद: के तनासुब[6] में मुजाहिद: का पलड़ा भारी हो रहा है और यही इस वक़्त उनके फ़न का तक़ाज: भी मालूम होता है।

अब उनकी नज़रें लाहौर के मनाज़िर से उठकर पाकिस्तान के असीअ[7] मैदानों पर पड़ने लगी है जहाँ बेशुमार इनसाननुमा मिट्टी के तूदे[8] सदियों से एक ही तरह की धीमी-धीमी हर्कत कर रहे हैं, अब उन तूदों की कमरें सीधी हो रही हैं। उनको इस बोझ का एहसास हो रहा है जो उन्होंने क़र्नों[9] से उठा रखा है। क्योंकि उन पर आहिस्ता-आहिस्ता यह भेद खुल रहा है कि बाज़ दूसरे देसों में उनके भाई-बन्दों ने यह बोझ उतार दिया है और वो लोग अब इनसानी अज़मत[10] में बराबर के शरीक हैं। उनकी आँखों में एक तरह का नूर है, क्योंकि वो दूर उफ़ुक़[11] पर ज़िन्दगी और तवानाई[12] की उठती, गिरती, घटती, बढ़ती रोशनी देख रहे हैं। लेकिन ये लोग किसी बिरहा (विरह) की मारी की तरह जो अचानक अपने प्रीतम को नज़दीक आता देखे, अभी तक लजा रहे हैं, शरमा रहे हैं और अपनी कममायगी[13] और परीशाँहाली को छुपाना चाहते हैं। फ़ैज़ साहब की नज़रें कारख़ानों में भी घुस रही हैं, जहाँ किसानों के साथ मज़दूर इनसान की तख़्लीक़ी कूव्वत[14] और उसकी अज़मत का दर्स हासिल कर रहे हैं। फ़ैज़ यह सब कुछ ही नहीं देख रहे, अपने लाहौरी भाई-बन्दों, दिमाग़ी मज़दूरी करनेवाले मुसन्निफ़ों, क्लर्कों, छोटे दुकानदारों, वकीलों, टीचरों, तालिब-इल्मों, गामों और माँझों को भी दिखला रहे हैं और पुकार रहे हैं कि कारगहे-हस्ती[15] में जो रन पड़ रहा है, उसमें हक्को-बातिल[16] के लश्करों को पहचानो। 'नादारी, दफ़्तर, भूख और ग़म' ने चौमुख पथराव करके तुम्हारे

1. सामूहिक, 2. आध्यात्मिक ज्ञान, 3. सामर्थ्य के अनुसार, 4. कार्य, विषय, 5. संकेत, 6. पारस्परिक सम्बन्ध, 7. विस्तृत, 8. ढूह, 9. सींगों, 10. श्रेष्ठता, 11. क्षितिज, 12. दृढ़ता, 13. निम्नता, 14. रचनात्मक क्षमता, 15. अस्तित्व की कार्यशाला, 16. सच और झूठ।

साग़रे-दिल[1] को टुकड़े-टुकड़े कर दिया है और तुम्हारी इज़्ज़त और नामूस[2] ख़ाक में मिला दी है। सहबा-ए-ग़मे-जानाँ[3] की बेहुर्मती कर दी है। लेकिन—

यादों के गरेबानों के रफ़ू
पर दिल की गुज़र कब होती है
इक बिख़य: उधेड़ा, एक सिया
यूँ उम्र बसर कब होती है।

इस कारगहे-हस्ती में जहाँ
ये साग़र-शीशे ढलते हैं
हर शै का बदल मिल सकता है
सब दामन पुर हो सकते हैं

अब लूट-झपट से हस्ती की
दूकानें ख़ाली होती हैं
याँ पर्बत-पर्बत हीरे हैं
याँ सागर-सागर मोती हैं

कुछ लोग हैं जो इस दौलत पर
पर्दे लटकाए फिरते हैं
हर पर्बत को, हर गौहर[4] *को*
नीलाम चढ़ाए फिरते हैं

कुछ वह भी हैं जो लड़-भिड़ कर
ये पर्दे नोच गिराते हैं
हस्ती के उठाई-गीरों की
हर चाल उलझाए जाते हैं

---

1. दिल का प्याला, 2. मर्यादा, 3. प्रेमिका के दु:ख रूपी शराब, 4. मोती।

इन दोनों में रन पड़ता है
नित बस्ती-बस्ती, नगर-नगर
हर बसते घर के सीने में
हर चलती राह के माथे पर

ये कालिख भरते फिरते हैं
वो जोत जगाते फिरते हैं
ये आग लगाते फिरते हैं
वो आग बुझाते फिरते हैं

सब साग़र, शीशे, ला'लो-गुहर [1]
इस बाज़ी में बद जाते हैं
उट्ठो सब ख़ाली हाथों को
उस रन से बुलावे आते हैं

'ज़िन्दाँनामा' में फ़ैज़ साहब ने हक़्क़ो-बातिल[2] की एक हौलनाक जंग में बहादुरों की बहादुरी के वाक़िआत का तज़्करः शुरू कर दिया है। उसकी इब्तिदा वो 'दस्ते-सबा' में 'ईरानी तुल्बा के नाम' लिखकर कर चुके हैं। लेकिन अभी तक उनकी ये आदत पूरी तरह नहीं गई कि वह आतिश-फ़िशाँ[3] पहाड़ के धुएँ के पहले मर्ग़ूलः[4] (Puff) को ही ले बैठते हैं। और जब यह धुआँ हवा के झोंके से चश्म-ज़दन[5] में तितर-बितर हो जाता है तो रंजीदा ख़ातिर हो जाते हैं या तूफ़ान की पहली मौज में ही मह्वे-तमाशा[6] हो जाते हैं और जब उसे साहिल की रेती में जज़्ब होता देखते हैं तो फ़र्ते-दर्द[7] से बेहाल हो जाते हैं या बढ़े हुए लश्कर के सबसे अगले स्काउट जब खेत हो जाते हैं तो उनको तड़पता देखकर तमाम निज़ामे-कायनात[8] को आग

1. ला'ल (एक क़ीमती पत्थर) और मोती, 2. सच और झूठ, 3. ज्वालामुखी, 4. धुएँ का छल्ला, 5. पलक झपकते ही, 6. देखने में तल्लीन, 7. दर्द के आवेग, 8. वैश्विक व्यवस्था।

लगा देना चाहते हैं। ऐसे दर्द की फ़रावानी हर नेक दिल का ख़ास्स:[1] होती है। लेकिन अगर आतिश:-फ़शाँ की ज़मीं-दोज़ गरज को सुना जाए और उसके चन्द लम्हों में उबलनेवाले करोड़ों मन लावा का तसव्वुर किया जाए या पहली लहर के पीछे भरे हुए बेकिनार समन्दर का ख़याल किया जाए तो धुएँ के पहले मग़ोंला के बिखरे तूफ़ानों की पहली लहर के जज़्ब हो जाने और स्काउटों के मरने में दर्दो-ग़म की जगह मुजाहिदाना[2] तड़प आ जाती है। ज़िन्दगी के साये गहरे होने की बजाय उसकी रंगीनियों में इज़ाफ़: हो जाता है। उन तीनों की मौत पर रोने-धोने की बजाय उनकी यादगार मनाने को जी चाहता है। वह इश्क़ो-मुहब्बत के पहले कुश्ते[3] ही नहीं, फ़तह के बानी[4] भी हैं और उनकी मौत ज़िन्दगी का रस है। फ़ैज़ साहब का कैनवस ज़रा और वसीअ हो जाए तो बिल-शुब्हा हमारे गोर्की (रूसी लेखक) बन जाएँगे। उनसे ज़्यादा इस रुत्बे का और कौन मुस्तहक़ है। बदक़िस्मती से हालात कुछ ऐसे हैं कि उनमें रजज़-ख़्वान[5] एक जान के साथ क्या कुछ कर सकता है।

मंटगुमरी में मेरी एक ड्यूटी फ़ैज़ साहब के लिए सामिईन[6] फ़राहम करनी थी। इसका एक ज़रिय: यह था कि मैं उनका ताज़ा कलाम सैय्यद सज्जाद ज़हीर साहब को मच्छ जेल में और अता और पोशनी को हैदराबाद भेज दिया करता था। सज्जाद ज़हीर के एक ख़त का इक्तिबास[7] इस मज़मून के इख़्तिताम के लिए बहुत मुनासिब रहेगा।

सेंट्रल जेल, मच्छ, बलूचिस्तान

21 फ़रवरी, 1954 ई.

...आइन्दा मैं ज़्यादा बाक़ाइदगी से तुम्हारे ख़तों का जवाब दूँगा। इस इरादे में सिर्फ़ इख़्लाक़ी फ़र्ज़ ही का तक़ाज़ा नहीं बल्कि

1. गुण, 2. पराक्रमियों की भाँति, 3. भस्म, 4. संस्थापक, 5. युद्ध-क्षेत्र में शूरता का बखान करनेवाला, 6. श्रोतागण, 7. उद्धरण।

मेरी ख़ुदग़र्ज़ी भी शामिल है। तुम्हारे ख़तों से दोस्ती और इल्तिफ़ात[1] की लतीफ़ महक आती है जिससे रंजूर[2] दिल को बे-इन्तिहा ठंडक पहुँचती है। इस तरह हम तन्हाई में गुफ़्तगू कर लेते हैं। थोड़ी-बहुत फ़ल्सफ़ियाना और अदबी मू-शिगाफ़ियाँ[3] कर लेते हैं। आहनी दीवारों में किसी क़दर रख़्न: डालकर जैसे निकलते हुए सूरज की किरणों से ज़रा देर के लिए दिलो-दिमाग़ को मुनव्वर कर लेते हैं। फिर इसके अलावा तुम फ़ैज़ के कलाम के तोहफ़े भी भेजते हो और अबकी बार तो तुमने उसके अम्बार लगा दिए हैं। इनके लिए फ़ैज़ और तुम्हारा बहुत-बहुत शुक्रिया। यह तो ऐसा अतीय:[4] है जिसका एवज़[5] मुझसे कभी अदा नहीं हो सकता।

फ़ैज़ साहब की नज़्म 'मुलाक़ात' मुझे पसन्द आई। इसमें अलाइम[6] की मुरस्सानिगारी[7] अपने कमाल को पहुँच गई है और पहले मिस्र्रे से शुरू होकर (यह रात उस दर्द का शजर[8] है) नज़्म के बहाव के साथ-साथ ख़ूबसूरत तश्बीहों[9] और इस्तिआरों[10] के जैसे नाज़ुक फूल चारों तरफ़ खिलते चले गए हैं, जिनमें हर एक ऐसा है जो अपनी जुदागाना ख़ुशबू और रंग भी रखता है और दूसरों के साथ हम-आहंग[11] और मुतवाज़िन[12] भी है, फिर नज़्म का बुनियादी ख़याल पूरी तख़य्युल के साथ बड़ी कामयाबी से मिलाया गया है, जैसे एक हसीन और नाज़ुक जिस्म में दर्दमन्द, हस्सास[13] और लतीफ़ रूह हो। यह नहीं मालूम होता कि मिहन[14], ग़मनाक़ी शिद्दते-दर्द और इन सबके बावजूद बल्कि इनके वसीले से नमूदार होनेवाली 'नई सहर' के तसव्वुर को गिरफ़्त में लाने के बाद शाइर ने इसे नज़्म का जामा पहनाया है, बल्कि यहाँ पर यह बलन्द हिम्मत-आवर[15] ख़याल और तसव्वुर जैसे शाइरान तख़य्युर का समर[16]

---

1. दया-दृष्टि, 2. दुखी, 3. सूक्ष्मालोचन, 4. पुरस्कार, उपहार, 5. बदला, 6. ज्ञानों, 7. अलंकृति, सुसज्जा, 8. वृक्ष, 9. उपमाओं, 10. प्रतीकों, 11. एक जैसी राय रखनेवाला, 12. सन्तुलित, 13. सहानुभूतिपरक, 14. तकलीफ़, 15. साहसी, 16. फल (परिणाम)।

है और पूरी नज़्म के गुलदस्ते से दिलावेज़[1] और रूहअफ़ज़ा[2] रंगीनियों और नकहतों[3] के साथ झुक पड़ा है, तीसरे बंद के शुरू के चार मिसरे जहाँ से गुरेज़ किया गया है, अपनी फ़साहत[4], मौसीक़ियत[5], रूहानी और ज़ोरे-कलाम के लिहाज़ से अपना जवाब नहीं रखते। उन्हें एक बार पढ़ लो तो दिल पर नक़्श हो जाते हैं और फिर भूलते नहीं। ऐसा मालूम होता है कि इतवार की सुबह को किसी कलीसा[6] की घंटियाँ लहक-लहक कर बज रही हों। और उनकी मुसलसल आवाज़ सिर्फ़ सामेआ[7] में नहीं बल्कि सारे जिस्म के पोरों में सरायत कर रही हो। फ़ैज़ की शाइरी का 'रंग' लोग जिस बात को कहते हैं उसमें लहजे की दर्दनाकी और फ़ज़ा की नमी एक चीज़ है। मुझे इसकी ख़ुशी है कि उन मिस्रों में वह रंग नहीं है। अच्छे और बड़े शाइर अपना रंग ज़रूरत और मौक़े के लिहाज़ से बदलते रहते हैं, वो अपनी फ़ितरत नहीं बदल सकते।

...तुमने अपने गुज़िश्ता ख़त में इसकी तरफ़ इशारा किया था कि अब उन्हें हिम्मत करके एक जस्त[8] लगानी चाहिए, ताकि उनकी शाइरी में ख़ुशबुओं और गुल-बेज़ियों के अलावा ख़ल्क़े-ख़ुदा के उस मुबारक पसीने और ख़ून की हरारत की आमेज़िश[9] भी हो, जिनसे फ़िल्-हक़ीक़त[10] ज़िन्दगी बनती, बदलती और सँवरती है। मैं इस ख़याल से बिलकुल मुत्तफ़िक़ हूँ। अलबत्ता मैं उन्हें ऐसा करने के लिए धोखा नहीं देना चाहता। उन उम्मीद-अफ़ज़ा[11] अलामात[12] के सबब से जो हालिया नज़्मों और ग़ज़लों में ख़ुद ही नज़र आ रही है, जो कि सही जम्हूरी सम्त[13] का पता देती हैं।

मेरे ख़याल में वो ख़ुद इस नुक्ते को समझते हैं। पंजाब की सरज़मीन सदियों पहले बाबा फरीद, वारिस शाह, बुल्ले शाह की ज़ातों[14] में, दूसरे हालात और दूसरे माहौल में, ऐसी जम्हूरी शाइरी पैदा कर चुकी है। हमारे यहाँ कबीर,

---

1. ख़ुशनुमा, 2. प्राणवर्द्धक, 3. सुगन्ध, 4. सरलता, 5. संगीतमयता, 6. गिरजाघर, 7. कानों, 8. उछाल 9. मेल, 10. सचमुच, 11. आशावर्द्धक, 12. लक्ष्णों, 13. दिशा में, 14. व्यक्तित्वों।

तुलसी, सूर (सूरदास) हो चुके हैं। ऐसे नग़मे फिर क्यों नहीं छेड़े जा सकते।

इन नई ग़ज़लों पर उनको मुबारकबाद देना, गो यह सही है कि दाद मिर्ज़ा जाफ़र अली खाँ से ही लेना चाहिए। मैं तो अब बराए-नाम लखनऊ रह गया हूँ। छह साल पंजाब में और पंजाबियों के साथ रहकर अल्लाह ही जानता है कि ज़बान कितनी बिगड़ गई है। शायद चूँकि मौसम बहार का है इसलिए हमें 'गुलों में रंग भरे बादे-नौबहार चले' वाली ग़ज़ल सबसे अच्छी लगी। इस शे'र की तारीफ़ नहीं हो सकती—

बड़ा है दर्द का रिश्त: ये दिल ग़रीब सही
तुम्हारे नाम पे आएँगे ग़म-गुसार[1] चले

जिस ग़ज़ल को तुमने वासोख़्त[2] का उन्वान दिया है वह भी अपने रंग में ख़ूब है। एक-एक शे'र नश्तर है। किस-किस की तारीफ़ करें! ख़ासतौर पर यह शे'र :

गर फ़िक्रे-ज़ख़्म की तो ख़ताकार हैं कि हम
क्यों मह्वे-मदहे-ख़ूबी-ए-तेग़े-अदा[3] न थे

इसकी दाद तो फ़ैज़, मिर्ज़ा नौश: (यानी ग़ालिब) से भी ले लेते। ज़फ़र अली ख़ान 'असद' तो अलग रहे।

---

1. हमदर्द, 2. उर्दू शाइरी की एक शैली, जिसमें प्रेमिका के व्यवहार से नाराज़ होकर उसे त्याग देने का चित्रण होता है, 3. तलवार भाँजने के गुणों की प्रशंसा में तल्लीन।

ऐ साकिनाने-कुंजे क़फ़स[1]! सुबह को सबा
सुनती ही जाएगी सूए-गुलज़ार[2] कुछ कहो

(सौदा)

1. क़ैदख़ाने में रहनेवालो, 2. बाग़ की तरफ़।

ज़िन्दाँनामा

शैख़ साहब से रस्मो-राह न की

शैख़ साहब से रस्मो-राह न की
शुक्र है ज़िन्दगी तबाह न की

तुझको देखा तो सैर-चश्म[1] हुए
तुझको चाहा तो और चाह न की

तेरे दस्ते-सितम का इ'ज्ज़[2] नहीं
दिल ही काफ़िर था जिसने आह न की

थे शबे-हिज्र काम और बहुत
हमने फ़िक्रे-दिले-तबाह न की

कौन क़ातिल बचा है शह्र में 'फ़ैज़'
जिससे यारों ने रस्मो-राह न की

1. आँखें तृप्त होना, 2. कमज़ोरी।

सब क़त्ल होके तेरे मुक़ाबिल से आए हैं

सब क़त्ल होके तेरे मुक़ाबिल से आए हैं
हम लोग सुर्ख़-रू[1] हैं कि मंज़िल से आए हैं

शम्ए-नज़र, ख़याल के अंजुम[2], जिगर के दाग़
जितने चिराग़ हैं तिरी महफ़िल से आए हैं

उठकर तो आ गए हैं तिरी बज़्म से मगर
कुछ दिल ही जानता है कि किस दिल से आए हैं

हर इक क़दम अजल[3] था, हर इक गाम ज़िन्दगी
हम घूम-फिर के कूच:-ए-क़ातिल से आए हैं

---

1. सफल, विजयी, 2. सितारे, 3. मौत।

बादे-ख़िज़ाँ[1] का शुक्र करो 'फ़ैज़' जिसके हाथ
नामे[2] किसी बहार-शमाइल[3] से आए हैं

1. पतझड़ की हवा, 2. चिट्ठियाँ, 3. बहार जैसे स्वभाववाला।

नज़्म

ऐ हबीबे-अम्बरदस्त!

[एक अजनबी खातून के नाम ख़ुशबू का तोहफ़ा वसूल होने पर]

किसी के दस्ते-इ'नायत ने कुंजे-ज़िन्दाँ[1] में
किया है आज अजब दिलनवाज़ बन्दोबस्त
महक रही है फ़ज़ा जुल्फ़े-यार की सूरत
हवा है गर्मी-ए-ख़ुशबू से इस तरह सरमस्त
अभी-अभी कोई गुज़रा है गुलबदन गोया
कहीं क़रीब से, गेसू-ब-दोश[2] गुंच:-ब-दस्त[3]
लिये हैं बू-ए-रफ़ाक़त[4] अगर हवा-ए-चमन
तो लाख पहरे बिठाएँ क़फ़स पे जुल्म-परस्त
हमेश: सब्ज़ रहेगी वो शाख़े-मेह्रो-वफ़ा
कि जिसके साथ बँधी है दिलों की फ़त्हो-शिकस्त

---

1. जेल का कोना, 2. कन्धे पर बाल बिखराए, 3. हाथ में कली लिये, 4. दोस्ती की सुगन्ध।

पे शे'रे-हाफ़िज़-शीराज़, ऐ सबा, कहना,
मिले जो तुझसे कहीं वो हबीबे-अम्बरदस्त[1]
"ख़तल पिज़ीर बुवद हर बिना कि मी बीनी
बजुज़ बिना-ए-मोहब्बत कि ख़ाली अज़ ख़लल अस्त"[2]

सेंट्रल जेल, हैदराबाद
28-29 अप्रैल, 1953

---

1. ख़ुशबूदार हाथोंवाला दोस्त, 2. हर बुनियाद में दरार पड़ जाती है अलावा मुहब्बत की बुनियाद के, जिसमें दरार नहीं पड़ती।

सितम की रस्में बहुत थीं लेकिन

सितम की रस्में बहुत थीं लेकिन, न थी तिरी अंजुमन से पहले
सज़ा ख़ता-ए-नज़र से पहले, इ'ताब[1] जुर्मे-सुख़न से पहले

जो चल सको तो चलो के: राहे-वफ़ा बहुत मुख़्तसर हुई है
मुक़ाम है अब कोई न मंज़िल, फ़राज़े-दारो-रसन[2] से पहले

नहीं रही अब जुनूँ की ज़ंजीर पर वह पहली इजार:दारी
गिरफ़्त करते हैं करनेवाले ख़िरद[3] पे दीवान:पन से पहले

करे कोई तेग़ का नज़ारा, अब उनको यह भी नहीं गवारा
ब-ज़िद है क़ातिल के: जाने-बिस्मिल फ़िगार[4] हो जिस्मो-तन के पहले

---

1. कोप, 2. फाँसी का तख़्त:, 3. अक़्ल, 4. घायल।

ग़रूरे-सर्वो-समन से कह दो के: फिर वही ताजदार होंगे
जो ख़ारो-ख़स वाली-ए-चमन थे उ'रूजे-सर्वो-समन[1] से पहले

इधर तक़ाज़े हैं मसलहत के, उधर तक़ाज़ा-ए-दर्दे-दिल है
ज़बाँ सँभालें के: दिल सँभालें, असीर[2] ज़िक्रे-वतन से पहले

हैदराबाद जेल
17-22 मई, 1954

1. सरो और चमेली का परवान, 2. बन्दी।

शामे-फ़िराक़ अब न पूछ

शामे-फ़िराक़[1] अब न पूछ, आई और आके टल गई
दिल था के: फिर बहल गया, जाँ थी के: फिर सँभल गई

बज़्मे-ख़याल में तिरे हुस्न की शम्अ जल गई
दर्द का चाँद बुझ गया, हिज्र की रात ढल गई

जब तुझे याद कर लिया, सुब्ह महक-महक उठी
जब तिरा ग़म जगा लिया, रात मचल-मचल गई

दिल से तो हर मुआ'मला करके चले थे साफ़ हम
कहने में उनके सामने बात बदल-बदल गई

1. विरह की शाम।

आख़िरे-शब[1] के हमसफ़र 'फ़ैज़' न जाने क्या हुए
रह गई किस जगह सबा[2], सुब्ह किधर निकल गई

जिनाह अस्पताल, कराची
जुलाई, 1953

1. पिछला पहर, 2. सुगन्धित पवन।

रहे-ख़िज़ाँ में तलाशे-बहार करते रहे

रहे-ख़िज़ाँ[1] में तलाशे-बहार करते रहे
शबे-सियह[2] से तलब हुस्ने-यार करते रहे

ख़याले-यार, कभी ज़िक्रे-यार करते रहे
इसी मताअ[3], पे हम रोज़गार करते रहे

नहीं शिकायते-हिज्राँ के: इस वसीले से
हम उनसे रिश्त:-ए-दिल उस्तवार[4] करते रहे

वो दिन के: कोई भी जब वज्हे-इन्तज़ार न थी
हम उनमें तेरा सिवा[5] इन्तज़ार करते रहे

हम अपने राज़ पे नाज़ाँ थे, शर्मसार न थे
हर एक से सुख़ने-राज़दार[6] करते रहे

---

1. पतझड़ का रास्ता, 2. काली रात, 3. पूँजी, 4. मज़बूत, 5. निरर्थक, 6. भेद की बात।

ज़िया-ए-बज़्मे-जहाँ[1] बार-बार माँद हुई
हदीसे-शो'ल: रुख़ाँ[2] बार-बार करते रहे

उन्हीं के फ़ैज़ से बाज़ारे-अक़्ल रौशन है
जो गाह-गाह जुनूँ इख़्तियार करते रहे

जिनाह अस्पताल, कराची
21 अगस्त, 1953

1. दुनिया की चमक-दमक, 2. आग की लपटों-जैसे (प्रकाशमान) चेहरेवालों की चर्चा।

मुलाक़ात

[1]

यह रात उस दर्द का शजर[1] है
जो मुझसे तुझसे अज़ीमतर है
अज़ीमतर है कि इसकी शाख़ों
में लाख मशअ'ल-ब-कफ़[2] सितारों
के कारवाँ घिर के ख़ो गए हैं
हजार महताब इसके साये
में अपना सब नूर रो गए हैं

यह रात उस दर्द का शजर है
जो मुझसे तुझसे अज़ीमतर है
मगर इसी रात के शजर से
ये चन्द लम्हों के ज़र्द पत्ते

1. पेड़, 2. हाथ में मशाले लिये हुए।

गिरे हैं और तिरे गेसुओं[1] में
उलझ के गुलनार हो गए हैं
इसी की शबनम से ख़ामशी के
ये चन्द क़तरे तिरी जबीं[2] पर
बरस के हीरे* पिरो गए हैं

1. बालों, 2. माथा
* कुछ पाठों में यहाँ 'मोती' शब्द प्रकाशित है।

[2]

बहुत सियह है ये रात लेकिन
इसी सियाही में रू-नुमा[1] है
वो नह्‌रे-ख़ूँ जो मिरी सदा है
इसी के साए में नूरगर है
वो मौज-ए-ज़र[2] जो तेरी नज़र है

वो ग़म जो इस वक़्त तेरी बाँहों
के गुलसिताँ में सुलग रहा है
(वो ग़म जो इस रात का समर[3] है)
कुछ और तप जाए अपनी आहों
की आँच में तो यही शरर[4] है

हर इक सियह शाख की कमाँ से
ज़िगर में टूटे हैं तीर जितने
ज़िगर से नोचे हैं और हर इक
का हमने तेशा[5] बना लिया है

1. प्रकट होना, सूरत दिखाना, 2. स्वर्ण लहर, 3. फल, 4. चिनगारी, 5. कुदाल।

[3]

अलम-नसीबों[1], जिगर-फ़िगारों[2]
की सुब्ह, अफ़लाक[3] पर नहीं है
जहाँ पे हम तुम खड़े हैं दोनों
सहर[4] का रौशन-उफ़क़[5] यहीं है
यहीं पे ग़म के शरार[6] खिलकर
शफ़क़[7] के गुलज़ार बन गए हैं
यहीं पे क़ातिल दुखों के तेशे
क़तअ:र अन्दर क़तअ:र किरनों
के आतशी[8] हार बन गए हैं

ये ग़म जो इस रात ने दिया है
ये ग़म सहर का यक़ीं बना है
यक़ीं जो ग़म से करीमतर[9] है
सहर जो शब से अज़ीमतर है

मंटगुमरी जेल
12 अक्तूबर—3 नवम्बर, 1953

---

1. अभागे लोगों, 2. ज़ख़्मी दिलवालों, 3. आसमानों, 4. सुबह, 5. प्रकाश-भरा क्षितिज, 6. चिनगारी, 7. उषा, 8. अग्निवर्णी, 9. अधिक दयालु।

क़तअ:

न: आज लुत्फ़ कर इतना के: गुज़र न सके

न: आज लुत्फ़ कर इतना के: गुज़र न सके
वो: रात जो के: तेरे गेसुओं की रात नहीं
ये आरज़ू भी बड़ी चीज़ है मगर हमदम
विसाले-यार फ़क़त आरज़ू की बात नहीं

नवम्बर, 1953

बात बस से निकल चली है

बात बस से निकल चली है
दिल की हालत सँभल चली है

जब जुनूँ हद से बढ़ चला है
अब तबीअ'त बहल चली है

अश्क ख़ूँनाब[1] हो चले हैं
ग़म की रंगत बदल चली है

या यूँ ही बुझ रही हैं शम्एँ
या शबे-हिज्र टल चली है

1. ख़ून के रंग के।

लाख पैग़ाम हो गए हैं
जब सबा एक पल चली है

जाओ, अब सो रहो सितारो
दर्द की रात ढल चली है

मंटगुमरी जेल
21 नवम्बर, 1953

वासोख़्त*

सच है हमीं को आपके शिकवे बजा न थे
बेशक सितम जनाब के सब दोस्ताना थे

हाँ, जो जफ़ा भी आपने की, काय'दे से की
हाँ, हम ही कारबन्दे-उसूले-वफ़ा[1] न थे

आए तो यूँ कि जैसे हमेश: थे मेह्रबाँ
भूले तो यूँ कि गोया कभी आश्ना[2] न थे

क्यों दादे-ग़म हमीं ने तलब की, बुरा किया
हमसे जहाँ में कुश्त:-ए-ग़म[3] और क्या न थे

---

1. वफ़ा के उसूल के पाबन्द, 2. परिचित, 3. ग़म के मारे हुए।

गर फ़िक्रे-ज़ख़्म की तो ख़तावार हैं कि हम
क्यों मह्वे-मदहे-ख़ूबी-ए-तेग़े-अदा[1] न थे

हर चार:गर को चार:गरी से गुरेज था
वरन: हमें जो दुख थे, बहुत ला-दवा न थे

लब पर है तल्ख़ी-ए-मये-अय्याम[2], वरन: 'फ़ैज़'
हम तल्ख़ी-ए-कलाम[3] पे माइल[4] ज़रा न थे

मंटगुमरी जेल
24 नवम्बर, 1953

*[*उर्दू पद्य की एक क़िस्म, जो मुसद्दस के रूप में होता है और जिसमें प्रेमिका के व्यवहार से नाराज़ होकर प्रेम छोड़ देने और प्रेमिका को त्यागने का वर्णन होता है।]*

---

1. तलवार भाँजने के गुणों की प्रशंसा में व्यस्त, 2. समय की शराब की कड़वाहट, 3. बात की कटुता, 4. प्रवृत्ति रखना।

शाख़ पर ख़ूने-गुल रवाँ है वही

शाख़ पर ख़ूने-गुल रवाँ है वही
शोख़ी-ए-रंगे-गुलसिताँ है वही

सर वही है तो आस्ताँ[1] है वही
जाँ वही है तो जाने-जाँ है वही

अब जहाँ मेह्रबाँ नहीं कोई
कूचः-ए-यारे-मेह्रबाँ है वही

बर्क़[2] सौ बार गिरके ख़ाक हुई
रौनके-ख़ाके-आशियाँ है वही

1. चौखट, 2. बिजली।

आज की शब विसाल की शब है
दिल से हर रोज़ दास्ताँ है वही

चाँद-तारे इधर नहीं आते
वरन: ज़िन्दाँ में आसमाँ है वही

मंटगुमरी जेल

कब याद में तेरा साथ नहीं

कब याद में तेरा साथ नहीं, कब हात में तेरा हात नहीं
सद शुक्र के: अपनी रातों में अब हिज्र की कोई रात नहीं

मुश्किल है अगर हालात वहाँ, दिल बेच आएँ जाँ दे आएँ
दिलवालो कूच:-ए-जानाँ में क्या ऐसे भी हालात नहीं

जिस धज से कोई मक़तल में गया, वो शान सलामत रहती है
ये जान तो आनी-जानी है, इस जाँ की तो कोई बात नहीं

मैदाने-वफ़ा दरबार नहीं, याँ नामो-नसब की पूछ कहाँ
आ'शिक़ तो किसी का नाम नहीं, कुछ इ'श्क़ किसी की ज़ात नहीं

गर बाज़ी इ'श्क़ की बाज़ी है, जो चाहो लगा दो डर कैसा
गर जीत गए तो क्या कहना, हारे भी तो बाज़ी मात नहीं

मंटगुमरी जेल

हम पर तुम्हारी चाह का इल्ज़ाम ही तो है

हम पर तुम्हारी चाह का इल्ज़ाम ही तो है
दुश्नाम[1] तो नहीं है, ये इकराम[2] ही तो है

करते हैं जिस पे ता'न[3] कोई जुर्म तो नहीं
शौक़े-फ़ुज़ूलो-उल्फ़ते-नाकाम ही तो है

दिल मुद्दई के हर्फ़े-मलामत[4] से शाद है
ऐ जाने-जाँ ये हर्फ़ तिरा नाम ही तो है

दिल ना-उम्मीद तो नहीं, नाकाम ही तो है
लम्बी है ग़म की शाम मगर शाम ही तो है

दस्ते-फ़लक[5] में गर्दिशे-तक़दीर तो नहीं
दस्ते-फ़लक में गर्दिशे-अय्याम ही तो है

---

1. गाली, 2. कृपा, 3. व्यंग्य, 4. निन्दा का शब्द, 5. आसमान का हाथ।

आख़िर तो एक रोज़ करेगी नज़र वफ़ा
वो यारे-ख़ुशख़साल[1] सरे-बाम ही तो है

भीगी है रात 'फ़ैज़' ग़ज़ल इब्तिदा करो
वक़्ते-सरोद[2], दर्द का हंगाम ही तो है

मंटगुमरी जेल
9 मार्च, 1954

---

1. अच्छे गुणोंवाला यार, 2. गाने का वक़्त।

ऐ रौशनियों के शहर

सब्ज़ा-सब्ज़ा सूख रही है फीकी, ज़र्द दुपहर
दीवारों को चाट रहा है तनहाई का ज़हर
दूर उफ़क़ तक घटती, बढ़ती, उठती, गिरती रहती है
कुह्र[1] की सूरत बे-रौनक दर्दों की गँदली लहर
बसता है उस कुह्र के पीछे रौशनियों का शहर

ऐ रौशनियों के शहर
कौन कहे किस सिम्त[2] है तेरी रौशनियों की राह
हर जानिब बे-नूर खड़ी है हिज्र[3] की शहरपनाह
थककर हर सू बैठ रही है शौक़ की माँद सिपाह

आज मिरा दिल फ़िक्र में है
ऐ रौशनियों के शहर

1. कुहरा, 2. दिशा, 3. वियोग।

शबख़ूँ[1] से मुँह फेर न जाए अरमानों की रौ
ख़ैर हो तेरी लैलाओं की, उन सबसे कह दो
आज की शब जब दिये जलाएँ, ऊँची रक्खें लौ

लाहौर जेल/मंटगुमरी जेल
28 मार्च–15 अप्रैल, 1954

---

1. रात में पड़नेवाला छापा।

गुलों में रंग भरे बादे-नौबहार चले

गुलों में रंग भरे बादे-नौबहार चले
चले भी आओ कि गुलशन का कारोबार चले

क़फ़स उदास है यारो सबा से कुछ तो कहो
कहीं तो बह्‌रे-ख़ुदा आज ज़िक्रे-यार चले

कभी तो सुब्ह तिरे कुंजे-लब[1] से हो आग़ाज़
कभी तो शब सरे-काकुल[2] से मुश्कबार चले

बड़ा है दर्द का रिश्त: ये दिल ग़रीब सही
तुम्हारे नाम पे आएँगे ग़मगुसार चले

जो हम पे गुज़री सो गुज़री मगर शबे-हिज्राँ
हमारे अश्क़ तिरी आक़बत सँवार चले

---

1. होंठ का कोना, 2. लटों का सिरा।

हुज़ूरे-यार हुई दफ़्तरे-जुनूँ की तलब
गिरह में लेके गरेबाँ का तार-तार चले

मुक़ाम, 'फ़ैज़' कोई राह में जचा ही नहीं
जो कू-ए-यार से निकले तो सू-ए-दार चले

मंटगुमरी जेल
29 जनवरी, 1954

हम जो तारीक राहों में मारे गए

[ईथेल और जूलियस रोज़नबर्ग के ख़तों से मुतास्सिर होकर लिखी गई]

तेरे होंठों के फूलों की चाहत में हम
दार[1] की ख़ुश्क टहनी पे वारे गए
तेरे हाथों की शम्ओं की हसरत में हम
नीम-तारीक राहों में मारे गए

सूलियों पर हमारे लबों से परे
तेरे होंठों की लाली लपकती रही
तेरे ज़ुल्फ़ों की मस्ती बरसती रही
तेरे हाथों की चाँदी दमकती रही

जब घुली तेरी राहों में शामे-सितम
हम चले आए लाए जहाँ तक क़दम

1. फाँसी।

लब पे हर्फ़े-ग़ज़ल, दिल में कन्दीले-ग़म
अपना ग़म था गवाही तिरे हुस्न की
देख क़ायम रहे इस गवाही पे हम
हम जो तारीक राहों में मारे गए

ना-रसाई[1] अगर अपनी तक़दीर थी
तेरी उल्फ़त तो अपनी ही तदबीर थी
किसको शिक़व: है गर शौक़[2] के सिलसिले
हिज्र की क़त्लगाहों से सब जा मिले

क़त्लगाहों से चुनकर हमारे अ'लम[3]
और निकलेंगे उ'श्शाक़[4] के क़ाफ़िले
जिनकी राहे-तलब से हमारे क़दम
मुख़्तसर कर चले दर्द के फ़ासले
कर चले जिनकी ख़ातिर जहाँगीर[5] हम
जाँ गँवाकर तिरी दिलबरी का भरम
हम जो तारीक राहों में मारे गए

मंटगुमरी जेल
15 मई, 1954

1. विफलता, 2. उत्कंठा, 3. झंडे, 4. प्रेमी, 5. विश्वव्यापी।

क़तआ:

फ़िक्रे-सूद-ओ-ज़ियाँ तो छूटेगी

फ़िक्रे-सूद-ओ-ज़ियाँ[1] तो छूटेगी
मिन्नते-ईन-ओ-आँ[2] तो छूटेगी
ख़ैर, दोज़ख में मय मिले न मिले
शैख़ साहब से जाँ तो छूटेगी

मई, 1954

---

1. लाभ-हानि की चिन्ता, 2. इसकी-उसकी खुशामद।

कुछ मुहतसिबों की ख़ल्वत में

कुछ मुहतसिबों[1] की ख़ल्वत में, कुछ वाइ'ज़[2] के घर जाती है
हम बाद:कशों के हिस्से की, अब जाम में कमतर जाती है

यूँ अ'र्ज़ो-तलब[3] से कब ऐ दिल, पत्थरदिल पानी होते हैं
तुम लाख रज़ा की ख़ू डालो, कब ख़ू-ए-सितमगर जाती है

बेदादगरों[4] की बस्ती है, याँ दाद कहाँ ख़ैरात कहाँ
सर फोड़ती फिरती है नादाँ फ़रियाद जो दर-दर जाती है

हाँ, जाँ के ज़ियाँ की हमको भी तशवीश है लेकिन क्या कीजे
हर रह जो उधर को जाती है, मक़तल[5] से गुज़रकर जाती है

1. प्रतिबन्ध लगानेवाला, 2. धर्मोपदेशक, 3. प्रार्थना और याचना, 4. अन्यायियों, 5. क़त्ल करने की जगह।

अब कूच:-ए-दिलबर का रहरौ, रहज़न भी बने तो बात बने
पहरे से अ'दू[1] टलते ही नहीं और रात बराबर जाती है

हम अह्ले-क़फ़स तनहा भी नहीं, हर रोज़ नसीमे-सुब्ह-वतन
यादों से मुअ'त्तर[2] आती है, अश्कों से मुनव्वर[3] जाती है

मंटगुमरी जेल
17 जून, 1954

---

1. दुश्मन, 2. सुगन्धित, 3. आलोकित।

दरीचा

गड़ी हैं कितनी सलीबें मिरे दरीचे में
हरेक अपने मसीहा के ख़ूँ का रंग लिये
हरेक वस्ले-ख़ुदावन्द[1] की उमंग लिये

किसी पे करते हैं अब्रे-बहार[2] को क़ुर्बां
किसी पे क़त्ल महे-ताबनाक[3] करते हैं
किसी पे होती है सरमस्त शाख़सार[4] दो-नीम[5]
किसी पे बादे-सबा को हलाक करते हैं

हर आए दिन ये ख़ुदावन्दगाने-मेह्‌रो-जमाल[6]
लहू में ग़र्क़ मिरे ग़मकदे में आते हैं
और आए दिन मिरी नज़रों के सामने उनके
शहीद जिस्म सलामत उठाए जाते हैं

मंटगुमरी जेल
दिसम्बर, 1954

1. ख़ुदा से मिलने, 2. बहार के बादल, 3. चमकदार चाँद, 4. डाली, 5. दो टुकड़े, 6. करुणा और सौन्दर्य के स्वामी।

दर्द आएगा दबे पाँव...

और कुछ देर में, जब फिर मिरे तनहा दिल को
फ़िक्र आ लेगी कि तनहाई का क्या चार: करे
दर्द आएगा दबे पाँव, लिये सुर्ख़ चिराग़
वह जो इक दर्द धड़कता है कहीं दिल से परे

शो'ल:-ए-दर्द जो पहलू में लपक उट्ठेगा
दिल की दीवार पे हर नक़्श दमक उट्ठेगा
हल्क:-ए-ज़ुल्फ़[1] कहीं, गोश:-ए-रुख़सार[2] कहीं
हिज्र का दश्त कहीं, गुलशने-दीदार कहीं
लुत्फ़ की बात कहीं, प्यार का इक़रार कहीं

दिल से फिर होगी मिरी बात कि ऐ दिल, ऐ दिल,
ये जो महबूब बना है तिरी तनहाई का
ये तो मेहमाँ है घड़ी-भर का चला जाएगा

---

1. बालों के घेरे, 2. गालों के कोने।

इससे कब तेरी मुसीबत का मदावा[1] होगा
मुश्तइ'ल[2] होके अभी उट्ठेंगे वहशी साये
ये चला जाएगा, रह जाएँगे बाक़ी साये
रात-भर जिनसे तिरा ख़ून-ख़राबा होगा

जंग ठहरी है कोई खेल नहीं है, ऐ दिल
दुश्मने-जाँ हैं सभी, सारे के सारे क़ातिल
ये कड़ी रात भी, ये साये भी, तनहाई भी
दर्द और जंग में कुछ मेल नहीं है, ऐ दिल

लाओ, सुलगाओ कोई जोशे-ग़ज़ब का अंगार
तैश की आतिशे-जर्रार[3] कहाँ है, लाओ
वो दहकता हुआ गुलज़ार कहाँ है, लाओ
जिसमें गर्मी भी है, हरकत भी, तवानाई[4] भी

हो न हो अपने क़बीले का भी कोई लश्कर
मन्तज़िर होगा अँधेरे की फ़सीलों[5] के उधर
उनको शो'लों के रजज़[6] अपना पता तो देंगे
ख़ैर, हम तक वो न पहुँचें भी, सदा तो देंगे
दूर कितनी है अभी सुब्ह, बता तो देंगे

मंटगुमरी जेल
1 दिसम्बर, 1954

---

1. उत्तेजित, 2. तेज़ आग, 3. ताक़त, 4. प्राचीरों, 5. वीर-गाथा।

क़तअ:

सुब्ह फूटी तो आसमाँ पे तिरे

सुब्ह फूटी तो आसमाँ पे तिरे
रंगे-रुख़सार की फोहार गिरी
रात छाई तो रू-ब-रू-ए-आ'लम[1] पर
तेरी ज़ुल्फ़ों की आबशार[2] गिरी

जनवरी, 1955

1. दुनिया का चेहरा, 2. झरना।

Africa Come Back*

[एक रजज़[1]]

आ जाओ, मैंने सुन ली तिरे ढोल की तरंग
आ जाओ, मस्त हो गई मेरे लहू की ताल
"आ जाओ, ऐफ़्रीक़ा"

आ जाओ, मैंने धूल से माथा उठा लिया
आ जाओ, मैंने छील दी आँखों से ग़म की छाल
आ जाओ, मैंने दर्द से बाज़ू छुड़ा लिया
आ जाओ, मैंने नोच दिया बेकसी का जाल
"आ जाओ, ऐफ़्रीक़ा"

**अफ़्रीक़ी स्वतंत्रता-प्रेमियों का नारा।*

---

1. वीरोचित गर्वोक्ति के पद।

पंजे में हथकड़ी की कड़ी बन गई है गुर्ज़[1]
गर्दन का तौक़ तोड़ के ढाली है मैंने ढाल
"आ जाओ, ऐफ़्रीक़ा"

जलते हैं हर कछार में भालों के मिरग-नैन,
दुश्मन लहू से रात की कालिख हुई है लाल
"आ जाओ, ऐफ़्रीक़ा"

धरती धड़क रही है मिरे साथ, ऐफ़्रीक़ा
दरिया थिरक रहा है तो बन दे रहा है ताल
मैं ऐफ़्रीक़ा हूँ, धार लिया मैंने तेरा रूप
मैं तू हूँ, मेरी चाल है तेरी बबर की चाल
"आ जाओ, ऐफ़्रीक़ा"
आओ, बबर की चाल
आ जाओ, ऐफ़्रीक़ा

मंटगुमरी जेल
14 जनवरी, 1955

1. गदा।

गर्मि-ए-शौक़े-नज़ारा का असर तो देखो

गर्मि-ए-शौक़े-नज़ारा[1] का असर तो देखो
गुल खिले जाते हैं वह साय-ए-दर तो देखो

ऐसे नादाँ भी न थे जाँ से गुज़रनेवाले
नासेहो, पन्दगरो[2], राहगुज़र तो देखो

वह तो वह है, तुम्हें हो जाएगी उल्फ़त मुझसे
इक नज़र तुम मिरा महबूबे-नज़र तो देखो

वो जो अब चाक गरेबाँ भी नहीं करते हैं
देखनेवालो, कभी उनका जिगर तो देखो

1. दर्शन की अभिलाषा का उत्साह, 2. उपदेश देनेवालो।

दामने-दर्द को गुलज़ार बना रक्खा है
आओ, इक दिन दिले-पुरख़ूँ[1] का हुनर तो देखो

सुब्ह की तरह झमकता है शबे-ग़म का उफ़क
'फ़ैज़' ताबन्दगी-ए-दीदः-ए-तर तो देखो

मंटगुमरी जेल
4 मार्च, 1955

1. ख़ून से भरा हुआ दिल।

यह फ़स्ल उमीदों की हमदम

सब काट दो
बिस्मिल[1] पौदों को
बे-आब सिसकते मत छोड़ो
सब नोच लो
बेकल फूलों को
शाख़ों पे बिलकते मत छोड़ो

यह फ़स्ल उमीदों की हमदम
इस बार भी ग़ारत जाएगी
सब मेहनत सुब्हों-शामों की
अबके भी अकारथ जाएगी

1. मरे हुए, निष्प्राण।

खेती के कोनों-खुदरों में
फिर अपने लहू की खाद भरो
फिर मिट्टी सींचो अश्कों से
फिर अगली रुत की फ़िक्र करो

फिर अगली रुत की फ़िक्र करो
तब फिर इक बार उजड़ना है
इक फ़स्ल पकी तो भर पाया
जब तक तो यही कुछ कहना है

मंटगुमरी जेल
30 मार्च, 1955

बुनियाद कुछ तो हो

(कव्वाली)

कू-ए-सितम की ख़ामुशी आबाद कुछ तो हो
कुछ तो कहो सितमकशो[1] फ़रियाद कुछ तो हो
बेदादगर से शिकवए-बेदाद कुछ तो हो
बोलो कि शोरे-हश्र[2] की ईजाद[3] कुछ तो हो
मरने चले तो सतवते-क़ातिल[4] का ख़ौफ़ क्या
इतना तो हो कि बाँधने पाए न दस्तो-पा
मक़तल में कुछ तो रंग जमे जश्ने-रक़्स का
रंगीं लहू से पंजए-सैयाद कुछ तो हो
ख़ूँ पर गवाह दामने-जल्लाद कुछ तो हो
जब ख़ूँ-बहा[5] तलब करें बुनियाद कुछ तो हो
गर तन नहीं, ज़बाँ सही, आज़ाद कुछ तो हो

1. जुल्म सहनेवालो, 2. प्रलय का शोर, 3. शुरुआत, 4. क़ातिल का आतंक, 5. ख़ून की क़ीमत।

दुश्नाम, नाला, हा-ओ-हू, फ़रियाद कुछ तो हो
चीख़े है दर्द, ऐ दिले-बर्बाद कुछ तो हो
बोले, कि शोरे-हश्र की ईजाद कुछ तो हो
बोलो कि रोज़े-अद्ल की बुनियाद कुछ तो हो

मंटगुमरी जेल
13 अप्रैल, 1955

कोई आ'शिक़ किसी महबूबः से

याद की राहगुज़र जिस पे इसी सूरत से
मुद्दतें बीत गई हैं तुम्हें चलते-चलते
ख़त्म हो जाए जो दो-चार क़दम और चलो
मोड़ पड़ता है जहाँ दश्ते-फ़रामोशी[1] का
जिससे आगे न कोई मैं हूँ न कोई तुम हो
साँस थामे हैं निगाहें कि न जाने किस दम
तुम पलट आओ गुज़र जाओ या मुड़कर देखो

गरचे वाक़िफ़ हैं निगाहें कि यह सब धोका है
गर कहीं तुमसे हम-आग़ोश हुई फिर से नज़र
फूट निकलेगी वहाँ और कोई राहगुज़र
फिर इसी तरह जहाँ होगा मुक़ाबिल[2] पैहम[3]
साय:-ए-ज़ुल्फ़ का और जुंबिशे-बाज़ू का सफ़र

1. विस्मृति का जंगल, 2. सामने, 3. लगातार।

दूसरी बात भी झूठी है कि दिल जानता है
याँ कोई मोड़, कोई दश्त, कोई घात नहीं
जिसके परदे में मिरा माहे-रवाँ[1] डूब सके
तुमसे चलती रहे ये राह, यूँ ही अच्छा है
तुमने मुड़कर भी न देखा तो कोई बात नहीं

1. चलता हुआ चाँद।

अगस्त 1955

शहर में चाक-गरेबाँ हुए नापैद अबके
कोई करता ही नहीं ज़ब्त की ताकीद[1] अबके

लुत्फ़ कर, ऐ निगहे-यार, कि ग़मवालों ने
हसरते-दिल की उठाई नहीं तमहीद[2] अबके

चाँद देखा तेरी आँखों में, न होंठों पे शफ़क़
मिलती-जुलती है शबे-ग़म से तिरी दीद अबके

दिल दुखा है न वह पहला-सा, न जाँ तड़पी है
हम ही ग़ाफ़िल थे कि आई ही नहीं ईद अबके

---

1. आदेश, 2. भूमिका।

फिर से बुझ जाएँगी शम्एँ जो हवा तेज़ चली
लाके रक्खो सरे-महफ़िल कोई खुरशीद[1] अबके

कराची
14 अगस्त, 1955

1. सूरज।

यूँ बहार आई है इस बार कि जैसे क़ासिद

यूँ बहार आई है इस बार कि जैसे क़ासिद[1]
कूच:-ए-यार से बे-नैलो-मराम[2] आता है

हर कोई शह्र में फिरता है सलामत-दामन
रिन्द मयख़ाने से शाइस्त:-ख़राम आता है

हवसे-मुतरिबो-साक़ी[3] में परीशाँ अकसर
अब्र आता है कभी माहे-तमाम आता है

शौक़वालों की हज़ी[4] महफ़िले-शब में अब भी
आमदे-सुब्ह की सूरत तिरा नाम आता है

1. सन्देश लानेवाला, 2. निराश, 3. गायक और शराब पिलानेवाले की लालसा, 4. दुखी।

अब भी ए'लाने-सहर करता हुआ मस्त कोई
दाग़े-दिल करके फ़रोज़ाँ सरे-शाम आता है

[नातमाम[1]]

लाहौर
मार्च, 1956

---

1. अपूर्ण।

क़तअ:

तमाम शब दिले-वहशी तलाश करता है

तमाम शब दिले-वहशी तलाश करता है
हर इक सदा में तिरे हर्फ़े-लुत्फ़ का आहंग
हर एक सुब्ह मिलाती है बार-बार नज़र
तिरे दहन से हर इक लाल:-ओ गुलाब का रंग

मार्च, 1956

क़तअ:

तुम्हारे हुस्न से रहती है हमकिनार नज़र

तुम्हारे हुस्न से रहती है हमकिनार नज़र
तुम्हारी याद से दिल हमकलाम रहता है
रही फ़राग़ते-हिज्राँ तो हो रहेगा तय
तुम्हारी चाह का जो-जो मुकाम रहता है

हैदराबाद जेल,
1951

क़तअ:

खिले जो एक दरीचे में आज हुस्न के फूल

खिले जो एक दरीचे में आज हुस्न के फूल
तो सुब्ह झूम के गुलज़ार हो गई यक्सर
जहाँ कहीं भी गिरा नूर उन निगाहों से
हर एक चीज़ तरहदार हो गई यक्सर

जिनाह अस्पताल, कराची

सुब्ह की आज जो रंगत है वो पहले तो न थी

सुब्ह की आज जो रंगत है वो पहले तो न थी
क्या ख़बर आज ख़रामाँ सरे-गुलज़ार है कौन

शाम गुलनार हुई जाती है देखो तो सही
ये जो निकला है लिये मशअते-रुख़सार है कौन

रात महकती हुई आई है कहीं से, पूछो
आज बिखराए हुए ज़ुल्फ़े-तरहदार है कौन

फिर दरे-दिल पे कोई देता है रह-रह दस्तक
जानिए फिर दिले-वहशी का तलबगार है कौन

जिनाह अस्पताल, कराची
जुलाई, 1953

यह ग़ज़ल 'कलामे-फ़ैज़' शीर्षक संकलन में 'नक़्श-ए-फ़रियादी' के अन्तर्गत है।

तिरी उमीद, तिरा इन्तिज़ार जब से है

तिरी उमीद, तिरा इन्तिज़ार जब से है
न शब को दिन से शिकायत, न दिन को शब से है

किसी का दर्द हो करते हैं तेरे नाम रक़म
गिला है जो भी किसी से तिरे सबब से है

हुआ है जब से दिले-नासबूर[1] बे-क़ाबू
कलाम तुझसे नज़र को बड़े अदब से है

अगर शरर[2] है तो भड़के, जो फूल है तो खिले
तरह-तरह की तलब, तेरे रंगे-लब से है

1. अधीर हृदय, 2. चिनगारी।

कहाँ गए शबे-फ़ुरक़त[1] के जागने वाले
सितार:-ए-सहरी[2] हमकलाम कब से है

लाहौर
मार्च, 1957

1. विरह की रात, 2. सुबह का सितारा।

क़तअ:

रात ढलने लगी है सीनों में

रात ढलने लगी है सीनों में
आग सुलगाओ आबगीनों[1] में
दिले-उश्शाक़[2] की ख़बर लेना
फूल खिलते हैं इन महीनों में

मार्च, 1957

---

1. शराब की बोतल, 2. प्रेमियों के हृदय।

बिसाते-रक़्स पे सद शर्क़ो-ग़रब से सरे-शाम

बिसाते-रक़्स पे सद[1] शर्क़ो-ग़रब[2] से सरे-शाम
दमक रहा है तेरी दोस्ती का माहे-तमाम

छलक रही है तिरे हुस्ने-मेह्रबाँ की शराब
भरा हुआ है लबालब हर इक निगाह का जाम

गले में तंग तिरे हर्फ़े-लुत्फ़ की बाँहें
पसे-ख़याल कहीं साइते-सफ़र का पयाम

अभी से याद में ढलने लगी है सोहबते-शब
हरेक रू-ए-हसीं हो चला है बेश हसीं

मिले कुछ ऐसे जुदा यूँ हुए कि 'फ़ैज़' अबके
जो दिल पे नक़्श बनेगा वो गुल है दाग़ नहीं

हांगचाओ (चीन)
जुलाई, 1956

यह ग़ज़ल 'सारे सुख़न हमारे' में 'ज़िन्दाँनामा' के अन्तर्गत है, लेकिन 'नुस्ख़ा-ए-वफ़ा' में संकलित 'ज़िन्दाँनामा' में शामिल नहीं है।

1. सैकड़ों, 2. उदयाचल और अस्ताचल।

✪✪✪